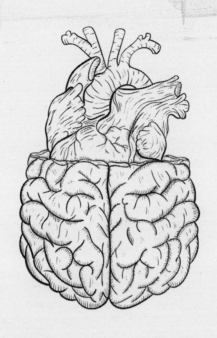

UM GUIA DE (SOBRE)VIVÊNCIA PARA AMOR, ROMANCE E OUTRAS COISAS
MINHAS DESVENTURAS PESSOAIS

Editora Appris Ltda.
1.ª Edição - Copyright© 2023 do autor
Direitos de Edição Reservados à Editora Appris Ltda.

Nenhuma parte desta obra poderá ser utilizada indevidamente, sem estar de acordo com a Lei nº 9.610/98. Se incorreções forem encontradas, serão de exclusiva responsabilidade de seus organizadores. Foi realizado o Depósito Legal na Fundação Biblioteca Nacional, de acordo com as Leis nºs 10.994, de 14/12/2004, e 12.192, de 14/01/2010.

Catalogação na Fonte
Elaborado por: Josefina A. S. Guedes
Bibliotecária CRB 9/870

G866g 2023	Grinberg, Victor Dias 　Um guia de (sobre)vivência para amor, romance e outras coisas: minhas desventuras pessoais / Victor Dias Grinberg. — 1. ed. — Curitiba : Appris, 2023. 　164 p. ; 21 cm. 　ISBN 978-65-250-4592-4 　1. Ficção brasileira. 2. Amor. 3. Relações humanas. I. Título. 　　　　　　　　　　　　　　　　　　　　　　CDD – B869.3

Appris editora

Editora e Livraria Appris Ltda.
Av. Manoel Ribas, 2265 – Mercês
Curitiba/PR – CEP: 80810-002
Tel. (41) 3156 - 4731
www.editoraappris.com.br

Printed in Brazil
Impresso no Brasil

UM GUIA DE (SOBRE)VIVÊNCIA PARA AMOR, ROMANCE E OUTRAS COISAS

MINHAS DESVENTURAS PESSOAIS

Victor Dias Grinberg

FICHA TÉCNICA

EDITORIAL	Augusto Vidal de Andrade Coelho
	Sara C. de Andrade Coelho
COMITÊ EDITORIAL	Marli Caetano
	Andréa Barbosa Gouveia (UFPR)
	Jacques de Lima Ferreira (UP)
	Marilda Aparecida Behrens (PUCPR)
	Ana El Achkar (UNIVERSO/RJ)
	Conrado Moreira Mendes (PUC-MG)
	Eliete Correia dos Santos (UEPB)
	Fabiano Santos (UERJ/IESP)
	Francinete Fernandes de Sousa (UEPB)
	Francisco Carlos Duarte (PUCPR)
	Francisco de Assis (Fiam-Faam, SP, Brasil)
	Juliana Reichert Assunção Tonelli (UEL)
	Maria Aparecida Barbosa (USP)
	Maria Helena Zamora (PUC-Rio)
	Maria Margarida de Andrade (Umack)
	Roque Ismael da Costa Güllich (UFFS)
	Toni Reis (UFPR)
	Valdomiro de Oliveira (UFPR)
	Valério Brusamolin (IFPR)
SUPERVISOR DA PRODUÇÃO	Renata Cristina Lopes Miccelli
PRODUÇÃO EDITORIAL	Bruna Holmen
REVISÃO	Bruna Fernanda Martins
DIAGRAMAÇÃO	Renata Cristina Lopes Miccelli
CAPA	Sheila Alves

Dedico este livro a todos os meus relacionamentos e às pessoas envolvidas neles, de amigos a ex, crushs e familiares.

Querendo ou não, vocês foram personagens da minha história que deram todas as cores das confissões, reflexões e "conselhos" que vão marcar as páginas a seguir...

Sejam amores ou dessabores.

Escrevo, com todo carinho, as palavras a seguir por todas as que eu disse, mas principalmente pelas que eu não consegui dizer.

Só se vê bem com o coração, o essencial é invisível aos olhos.

(Antoine de Saint-Exupéry)

PREFÁCIO

(da minha melhor amiga, que viveu a maioria desses imbróglios comigo)

Caro leitor ou cara leitora:

Fui convidada às 23h de um sábado à noite, quando estava numa festa no Bairro Alto em Lisboa, pelo autor deste livro – que estava em São Paulo – para escrever este prefácio. Com muito prazer e muita alegria, aceitei dedicar algum tempo para introduzir todos vocês ao Victor, pela ótica de alguém que o conhece muito bem. Vocês vão conhecê-lo cada vez melhor a cada conto, mas eu já o conheço há quase dez anos (que eu posso ou não ter arredondado para cima, mas como narradora deste singelo prefácio, confiem em mim, são dez anos).

A parte mais engraçada desse pedido, que talvez ele nem tenha se atentado, é que nosso primeiro contato foi exatamente por conta da "musa" de algumas histórias deste livro. Pois é, nosso primeiro encontro, quando não imaginávamos a amizade que construiríamos, foi intermediado por uma das ex dele.

Temos uma piada interna meio besta em que fingimos que nossas vidas são séries de televisão e os roteiristas deixam a gente naquele suspense de não saber como vai começar a próxima temporada, até porque sempre entregam os maiores *plot twists* quando menos esperamos. E está aí o primeiro indício de que a nossa piada boba é real: os roteiristas realmente não erraram e esse *plot twist* foi um dos melhores que já tivemos.

Ele me odiou de cara – com razão. Eu tinha "invadido" um evento que ele tinha organizado com uma credencial que não devia estar usando. Depois disso o Victor foi brevemente meu veterano na faculdade, foi meu chefe quando eu organizei esse mesmo evento, meu professor numa matéria em que falamos muito sobre o amor na contemporaneidade e, por fim, foi meu colega de trabalho. Em algum momento aí no meio dessa história toda, ele se tornou meu melhor amigo, com quem eu divido minha vida, meu *stress*, com quem eu já dividi meu dia a dia, bons *drinks*, boas sobremesas do Outback e segredos que só contei para ele.

Em um mundo paralelo em que exista um quiz sobre a vida do Victor, eu tenho convicção de que seria a vencedora. Então, acreditem quando eu digo que se havia alguém para escrever esta carta para se juntar às demais que ocupam as páginas do livro, sou eu mesma.

Agora que já convenci vocês (ou tentei) de que podem confiar em mim neste prefácio, vamos falar da dupla que somos e de tudo que eu vi nesses dez anos de amizade.

Nos conhecemos no auge da juventude. Estávamos ali, em média no começo dos nossos 20 anos... Aquela época retratada nas séries de TV. A época em que dá tudo errado. E para quem assistiu qualquer série sobre amigos na vida adulta, vocês sabem que as primeiras temporadas refletem todos esses desafios. São relacionamentos tóxicos, idas e vindas de namorados, os altos e baixos dos ficantes, dates que dão errado, os amores não correspondidos, *friendzones*, traições, escolhas erradas, entre muitas outras coisas. E nós passamos (e estamos passando ainda) enquanto nossa amizade se fortaleceu.

Não sei o quanto o Victor vai contar para vocês das desventuras amorosas que ele viveu – ele só me deixou ler um par delas para fazer este prefácio –, mas posso dizer que, assim como eu, ele viveu muitas e eu pude presenciar tudo isso.

Inclusive, noto que ele parece uma pessoa muito racional quando visto de longe. É o tipo do capricorniano: pessoas cautelosas, pragmáticas, racionais e firmes. Não me entendam mal, ele é de fato assim para muita coisa – principalmente no trabalho –, mas quando a questão é amor, seja qual for o tipo de amor, ele tem um coração gigante.

O Victor, como muitos de nós, cresceu assistindo a Disney. Para "complicar", ainda é fã de musicais e de comédias românticas. E por essas influências, ele se tornou aquela pessoa que faz absolutamente tudo pelas pessoas que ama. E essa é uma coisa que eu sempre admirei muito nele.

Em pleno século XXI, na era do desapego, o Victor se mantém como uma rocha para a pessoa que ama e ponto. Ele é daqueles românticos *old school*, que manda flores, que quer fazer *dates* interessantes e divertidos, que faz surpresas e mesmo quando as coisas não vão como era esperado, ele sacode a poeira, se recompõe e espera, porque ele sabe que a pessoa certa ainda não apareceu. E isso é muito bonito de se ver.

Se hoje em dia, depois de tudo que aturei na minha própria vida amorosa, eu ainda acredito no amor, é por assistir ao Victor de tão perto.

Como *main characters* das nossas próprias séries, vocês podem imaginar as poucas e boas pelas quais passamos nesses dez anos. Eu estive ao lado dele e ele ao meu nas nossas desventuras, na esperança de que algum dia nossos roteiristas parassem de escrever comédias das quais rimos atualmente e fossem propriamente para as comédias românticas.

A gente até tenta fingir às vezes que chegamos nessa fase. Um dia espontaneamente dançamos "Can I Have This Dance" de High School Musical 3 num evento cheio de alunos – foi aí que todos eles começaram a achar que a gente namorava. Aliás, aproveitando o gancho, o Victor e eu temos também uma reputação no nosso trabalho (ouso dizer que em todos os setores institucionais em todas as instâncias), em que acham que a gente namora. Por isso dizíamos quando trabalhávamos juntos que éramos marido e esposa do trabalho. Agora que estou a 7 mil quilômetros de distância ainda mantemos nossos votos, na saúde e na doença, na alegria e na tristeza, até que a morte nos separe.

Isso significa que eu recebo áudios às 2h da manhã aqui em Lisboa, aos quais eu respondo às 3h da manhã de São Paulo antes de ir para as aulas dele me contando fofocas sobre as novas *crushes*, o desenrolar de histórias passadas e potenciais futuros. E vice-versa.

Ele me aguenta completamente chorando desequilibrada em alguns momentos (mais do que eu gostaria de admitir), mas sempre fomos assim. Essa amizade de longa data é baseada em muito amor e confiança.

Trocamos muitos conselhos ao longo desses dez anos. A intuição do Victor sobre os homens com quem me envolvi foi certeira em 90% das vezes. Esses 10% que faltaram ficam como margem de erro, 5% pra cima e 5% para baixo e espero que ao ler isso ele saiba quem está nessa margem de erro (que ele sem dúvida achou exagerada). O Victor esteve comigo em momentos que eu precisei muito, não só do ponto de vista de relacionamentos, mas do ponto de vista geral, me deu muitos conselhos que eu levo para a vida – eu não segui todos, obviamente, mas o que importa é a intenção.

Espero ter sido para o Victor nesses nossos dez anos de amizade o que ele foi para mim, que meus conselhos ao longo de tudo que ele vai narrar neste livro tenham sido relevantes, que eu tenha conseguido dar conforto para cada coração partido e que ele sempre seja essa pessoa corajosa o suficiente para amar sem medo.

Depois de ser a fã n.º 1 da série da vida dele, desejo que agora, leitor(a), você possa se juntar a mim no fã clube desse _main character_. Prepare-se para se aventurar nas desventuras de um romântico em busca do amor.

Espero que se inspire – afinal é um livro sobre isso.

Com amor,
Thais Palanca

APRESENTAÇÃO

O que é AMAR, AMOR e RELACIONAMENTOS (pra mim)?

O amor é algo que sempre esteve presente na minha vida. Começando na minha família, mas – não posso negar que igualmente – teve a influência das histórias de filmes, livros e, com o passar do tempo, das minhas próprias vivências.

Amor, de certa forma, é esse sentimento intenso e profundo, que pode nos levar a caminhos inesperados, nos ensinar lições valiosas e nos fazer sentir vivos – ainda que seja talvez o sentimento que menos entendemos.

Resgatando um pouco de referências clássicas, mas sem me pegar no academiquês, digo que "amar" é um verbo que vai muito além de simplesmente sentir atração por alguém. Ouso dizer que essa é a parte mais fácil.

Quando a gente separa o sentimento do tesão, aí que as coisas começam a ficar complexas.

Ouso novamente em dizer, sem pensar muito, que esse verbo passa por todas as nuances de se importar com o outro de forma incondicional, estar disposto a se sacrificar (seja lá como for esse sacrifício) pelo bem-estar da pessoa amada e estar presente nos momentos bons e ruins. E eu não estaria errado, mas também não estaria 100% certo – até porque não foi isso que EU VIVI.

O consenso é que o amor é uma "via de mão dupla". E isso, sem dúvidas, vai para as minúcias particulares de cada um.

Por isso, eu escrevi este livro... para falar do meu entendimento de amor, e levar vocês na minha montanha-russa emocional. Dividir as paixões avassaladoras, as brigas bestas, as incertezas, inseguranças e as tristezas que me levaram a questionar se o amor realmente vale a pena.

Posso te dar um leve *spoiler*: mesmo nos momentos difíceis, o amor nunca deixou minha mente. Nunca deixei de procurar o meu.

Dentro do pouco que trago aqui, dividido com vocês o maior desafio que deparei: encontrar o equilíbrio entre a individualidade e a união. Descobrir como manter interesses e *hobbies* próprios, respeitar os da outra pessoa, e achando um caminho para criar uma conexão e compartilhar momentos especiais juntos.

Lendo assim pode parecer óbvio, mas garanto que não é. Quando a gente se apega a alguém pelas similaridades – ou gostos em comum –, damos passos largos para dissolver as barreiras da nossa individualidade em prol dessa união que, talvez, não dure (para sempre).

E sabe o que é o pior? Mesmo com todo esforço, os relacionamentos podem enfrentar suas turbulências. Aliás, me lembro sempre da frase que estava num quadro na sala de um grande colega de trabalho: "Mar calmo não faz bom marinheiro", e certamente no amor essa máxima não é diferente.

As diferenças de opinião, a falta de comunicação e a rotina são forças "imperceptíveis" que vão desgastando a relação, e quebram a ideia de que o relacionamento é perfeito.

Essa discussão nos leva para outra, que é minha favorita: nossa necessidade de sermos vulneráveis.

Quem é adulto, nessa era moderna, e não é traumatizado com alguma coisa? AINDA ASSIM, é preciso abrir mão de algumas barreiras emocionais e permitir que a outra pessoa faça parte das nossas vidas em sua integralidade, por mais assustador que seja.

E eu sei que não faltam coisas para fazer o amor ser assustador. Algumas vezes ele surge de forma explosiva ou em um momento inesperado, enquanto outras vezes é construído lentamente (MUITO LENTAMENTE) ao longo do tempo. É a quintessência da inconsistência e imprevisibilidade. Até porque isso vai de encontro diretamente com nossos próprios medos e inseguranças.

Por isso, uma das coisas mais fascinantes sobre o amor é como ele pode nos ensinar sobre nós mesmos. Quando amamos alguém, somos forçados a nos confrontar nesse mergulho de autodescobrimento (sem boia).

Ao tratar disso, penso que esses sentimentos agem como um espelho que reflete de volta para nós nossas próprias imperfeições e nos faz perceber que, na verdade, somos todos falhos e vulneráveis – algo de que não gostamos. Porém, embalados em um relacionamento, o amor nos convida a aceitá-las e a trabalhar para superá-las porque temos alguém que divide esse desafio conosco e nós com a pessoa que passa pela mesma coisa.

O complicado é que, para isso, temos que sair da nossa zona de conforto. Muitas vezes, isso pode ser doloroso e desafiador, mas é um processo essencial para o nosso crescimento.

Quando aprendemos a lidar com nossas próprias emoções e a nos conectar com nossos sentimentos mais profundos, podemos estabelecer relacionamentos mais saudáveis e significativos.

Por isso, o amor é tão fascinante e transformador. Por isso é que eu escrevi este livro. Para compartilhar o pouco das minhas experiências, aprendizados e reflexões sobre o tema.

É o meu mais sincero convite para, juntos, explorarmos as complexidades e os mistérios desse sentimento e – com sorte – inspirar vocês a explorarem o amor em suas próprias vidas.

Em palavras mais bonitas que a minha, diretamente de um livro que vou citar várias vezes:

O verdadeiro amor nunca se desgasta. Quanto mais se dá mais se tem.
(Antoine de Saint-Exupéry)

Boa leitura!

O autor

SUMÁRIO

PARTE 1: CARTAS SOBRE MEU "EU" DO PASSADO

(MEU) PRIMEIRO AMOR.. 24
APRENDENDO O QUE É O AMOR... 26
AS DORES DO CRESCIMENTO 28
QUERIA SER DIFERENTE 29
SONHOS DE UMA NOITE DE VERÃO................................... 32
ESPELHO, ESPELHO MEU... 34
SÓ(LI)DÃO 36
ESCRITO NAS ESTRELAS 38
POR QUE AMAR?.. 40
UMA (BREVE) IN(TRO)DUÇÃO ÀS LINGUAGENS DE AMOR .. 42
MEU PRIMEIRO AMOR
(e escrevo pra você) 46
CASAL QUE NÃO BRIGA É FELIZ? 48
QUANTO SERMOS IGUAIS É IMPORTANTE? 50
QUANTO O SEXO É IMPORTANTE?..................................... 52
SERÁ QUE OS NOSSOS SONHOS
SÃO NOSSOS MESMO?.. 55
POR QUE VOLTAR COM A EX É UMA MÁ IDEIA! 59
CLUBE DO CORAÇÃO PARTIDO.. 61
SERÁ QUE DOIS ERROS FAZEM UM ACERTO? 63
TRÊS MESES... 65
VOCÊ NÃO DEVERIA STALKEAR QUEM VOCÊ NÃO QUER
VER COM OUTRA PESSOA 68
COM QUANTAS CORES SE FAZ UMA AMIZADE? 71
AGORA EU QUERIA OUTRA AMIZADE COLORIDA............ 73
CAROLINA 75
FAZENDO DIREITO.. 76

SENTIMENTOS VAZIOS 78
TROCADO DE NOVO... 80
A ETERNA VALSA SEM PARCEIRA 83
EU, VOCÊ, DOIS FILHOS E UM CACHORRO 85
O GRANDE RISCO: QUANDO VOCÊ NÃO SABE SE ERA FLERTE OU SÓ GENTILEZA 87
CORPOS QUE QUERIAM SE TOCAR, MAS NÃO CONSEGUIRAM 90
TO BI OR NOT TO GAY 92
UMA MÁ INFLUÊNCIA 94
A DISTÂNCIA QUE NOS SEPARA 96
VOLTA LOGO PRA SÃO PAULO 98
UMA BREVE REFLEXÃO SOBRE (NÃO) ESTAR PRONTO PRA UM RELACIONAMENTO 100
CARÊNCIA OU DESEJO? 102
PAIXÃO OU EGO? 105
SONHAR COM ALGUÉM QUE NÃO SE PODE TER 107
INSEGURANÇA 109

PARTE 2:
CARTAS PARA MEU "EU" DO PRESENTE

20 DICAS RÁPIDAS PARA SUPERAR SUA EX! 111
A TEORIA DO TAXI 113
NÃO ADIANTA REESCREVER A HISTÓRIA 114
O QUE É A FRIENDZONE? 116
REGRAS ESSENCIAIS PARA UM SEXTING SEGURO 119
EU NÃO TENHO CULPA DE ESTAR TE AMANDO... 121
VOCÊ ACREDITA NA PESSOA CERTA NA HORA ERRADA? .. 123
ABAIXO AOS APLICATIVOS DE RELACIONAMENTO 125
A INFAME TEORIA DO PAPEL DE ALUMÍNIO 128
CRUSHTOK: AS PAIXÕES DE INTERNET 131
COMANDANTE, CAPITÃO, TIO, BROTHER, CAMARADA 132
SEMPRE O AMIGO, NUNCA O NAMORADO 134

VOCÊ JAMAIS LERÁ MEUS PENSAMENTOS –
OU MEU TWITTER 136
STRIKE A POSE 138

PARTE 3:
CARTAS PARA MEU "EU" DO FUTURO

SOBRE AMAR ALGUÉM QUE NÃO TE AMA 141
O SOFRIMENTO NÃO DURA PRA SEMPRE 143
SERÁ QUE TEM ESPAÇO PRA OUTRA PESSOA
NO MEU MUNDINHO? 147
ATÉ ONDE VÃO OS SACRIFÍCIOS
PRA ABRIR ESPAÇO PARA ALGUÉM? 149
SERÁ QUE EU VOU ACHAR QUEM EU PROCURO? 151
O QUE EU GOSTARIA DE FALAR PARA MIM DE 30 ANOS 152
O FUTURO ESTÁ NAS CARTAS 155
O QUE EU GOSTARIA DE FALAR PARA MIM DE 50 ANOS 157
O QUE EU QUERO FALAR PRA VOCÊ DE AMANHÃ 159
O QUE EU QUERO FALAR PARA O AMOR DA MINHA VIDA... 161

PARTE 1:
CARTAS SOBRE MEU "EU" DO PASSADO

(MEU) PRIMEIRO AMOR

Talvez o título engane um pouco sobre o conteúdo.
Talvez eu (me) engane sobre o conteúdo.
A realidade é que essa foi a primeira vez que amei.

Hoje não lembro dela.
Não lembro do rosto.
Nem da voz.
Não lembro nem por que eu a amei.

Só lembro da sensação de um bem querer que era inédito.
Tudo bem que para uma criança de 6 anos, muita coisa é inédita.
Amar então...

Já pesquisei o que eu lembro do nome dela.
Já pesquisei nosso antigo colégio nas redes sociais.
Já revirei velhos papéis, guardados numa caixa, escondida, igual esse sentimento.

Nada.
O mesmo que esse amor significou e significa.

Ele não vale menos ou mais por isso.
Aliás, talvez me engane em chamar de amor.
Talvez seja a primeira enganação, e não primeiro amor.

Ainda assim, se eu fechar os olhos.
Bem fechados.
Respirar fundo.
É como se eu lembrasse daquelas paredes azuis,
Que quase serviam como um fundo neutro pra destacar a sua aura.

Eu lembro do sentimento.
Eu quero viver esse sentimento de novo.

APRENDENDO O QUE É O AMOR...

Como grande fã da Disney, aprendi desde cedo o conceito de Príncipes e Princesas.
Esse conceito é muito importante porque daí saem as principais aplicações do amor.
E eu digo aplicações porque em cada estória a lição de moral e a versão do amor trabalhada na animação vão definir como uma geração vai projetar seus sentimentos.

Eu culpo Lipovestky, a quem vim a ler muitos anos depois, por esvaziar mais ainda o significado dessas imagens.
Culpo ele duas vezes porque não tem muito o que fazer senão encher o nosso vazio interno com essas imagens.

Não vou mentir que o primeiro filme que eu vi me ensinou sobre amor.
O primeiro foi *Toy Story* – um orgulho que carrego.
O primeiro filme da Disney que vi com essa temática foi *A Pequena Sereia*.

Apesar de a Disney ter polido a versão original de Hans Christian Andersen
Era inevitável que alguns desaprendizados estivessem presentes.

Se os fins não justificam os meios, então o "felizes para sempre", que não remente ao original, não é uma desculpa para a representação misógina, mas ao que vem ao caso – e ao meu lugar de fala –, diz respeito à ideia de que a felicidade só vem se você mudar o que você tem em si para os desejos do outro.

Nós éramos muito pequenos pra entender o significado,
mas não tão pequenos que aquelas imagens não acompanharam a gente a vida toda.

Eu reassisti a esse filme algumas vezes durante a fase tardia da infância, indo para a adolescência.
Hoje eu posso perceber o quanto eu ele me (des)ensinou sobre as caixinhas que devemos ocupar para agradar os outros.

Passei vários e vários anos,
Vários e vários relacionamentos,
Tentando entrar nessas caixinhas,
Tentando aprender o que é o amor.

AS DORES DO CRESCIMENTO

Meus pais se divorciaram quando eu era bem pequeno.
Eu nunca dei muita bola até recentemente.

E, por incrível que pareça, não tem nada a ver com meu relacionamento com eles.
Ou com o relacionamento deles.

Naqueles anos formativos, principalmente o colegial,
Quando a gente começa a se interessar pelas pessoas,
Mascarei traumas na caixinha da timidez.

Aliás, essa foi uma adjetivação que usei MUITO pra me descrever.
Usei ela como muleta para a pouca sociabilidade que eu desenvolvi.

Os sentimentos estavam lá, sem uma forma estruturada de escape.

A adolescência já é um período notório de introspecção em relação à sua família,
E meus amigos certamente não tinham o contexto (ou a maturidade) para entender e apoiar,
Então tudo que restava era a ânsia para que as coisas fossem diferentes.

Essa talvez seja a principal dor do crescimento que não estamos acostumados a lidar.

QUERIA SER DIFERENTE

Na primeira vez que andei por aqueles corredores, a sua voz foi a primeira que eu ouvi.
Na sala em que nós sentávamos, eu ficava na frente, olhando pra você no fundo da sala.
Seu nome era a primeira coisa que eu ouvia.
Só não era a única coisa que eu ouvia, pois, antes do fim, tinha que responder "presente" também.

Anos foram se passando e nossa distância foi diminuindo.
Não acho que você me categorizaria como "melhores amigos" –
E como você nem usa as redes sociais direito, acho que essa dúvida vai ficar no ar pra sempre –
Mas acho que éramos queridos.

Sua risada ainda ecoa no silêncio das minhas memórias.
Seu sorriso ainda brilha na escuridão das lembranças tarde da noite.
Sua voz, chamando meu apelido, ainda me tira um sorriso.

Eu lembro de confidenciar para amigos que, por você, talvez, houvesse sentimentos.

Hoje não vale dizer quais eram esses sentimentos – que misturavam o ideal, o carnal e o nosso cotidiano.
Hoje não sei nem se muda alguma coisa.
Acho que não muda.

Porque acho que eu mudei.
Eu sei que você mudou.
Te vi de longe, uma vez ou outra, quando amigos em comum falavam do que você fazia.
Quando uma foto sua fazia a proeza de subir no algoritmo da rede social que mal usamos.

Mas sabe aquele arrependimento?
Arrependimento de não ter falado que eu queria que nossos lábios encostassem.
Que eu queria que nossos abraços não fossem o fim, mas o começo.
Que quando eu colocava meus braços ao seu redor, eu não queria te soltar.

Esse arrependimento.

Eu olho pra trás e (ainda) atribuo à timidez.
Aliás, não faltam desculpas.
Eu não saio. Eu não bebo. Eu não ouço essa música.
Eu não sou bonito. Eu não sou simpático.

A maior desculpa é minha autoestima.

Não que eu fale isso abertamente.
Eu falo isso internamente, o que é pior.
Faz com que tenha uma razão de ser para esse arrependimento.

Se eu levasse a sério esse lado pragmático do meu signo...
Na bem da verdade...
Eu sei que não faz sentido a gente. Nunca fez.

Mas ainda assim, queria que fosse diferente.

SONHOS DE UMA NOITE DE VERÃO

Talvez ninguém tenha encapsulado tão bem a tragédia do amor como Shakespeare.
Não que o amor necessariamente precise ser uma tragédia,
Mas a intensidade do amor, quase tão equiparável a sua efervescência e liquidez,
Acaba por ser uma tragédia para alguém.

As melhores definições de amor são aquelas que falam sobre (ar)dor.
A comédia de Shakespeare, com certeza, é mais bem lida ou assistida do que vivida.

Me lembro bem de ter vivido a nossa própria versão tupiniquim, à moda dos anos 2000-2010, de *Sonhos de uma noite de verão*.

Num clássico, A que gosta de M, M que gosta de I, I que gosta de R, R que gosta de G, G que gosta de G, G que gosta de V, V que gosta de A, e várias outras pessoas no meio que não faziam parte desse enrosco que gostavam dessa sopinha de letras.

Todos éramos muito amigos, então todos sabíamos, de uma forma ou de outra, dos interesses de cada um.
Como qualquer forma de simplicidade ou de comunicação eficiente vai contra a moral e os bons costumes adolescentes, óbvio que o telefone sem fio era nosso *modus operandi* de articularmos sentimentos.

Baumann ficaria orgulhoso de quão líquidos eram aqueles sentimentos.

Camões ficaria orgulhoso de quantas horas de telefone (com fio) foram gastas pra falar daquela dor que arde sem se ver.

Nossos terapeutas ficariam orgulhosos se a gente lembrasse dessa história de uma forma mais imparcial pra trabalhar nossos sentimentos.

Conto, para os mais curiosos, que algumas pessoas chegaram, naquele momento ou tempos depois, trocar uns beijinhos.

Relacionamentos, tal como a gente pensa, almeja e ambiciona na nossa vida adulta, nem cruzavam nossa mente.

Mas isso não fazia deles menos catastróficos, no sentido mais banal do nosso cotidiano.

O mais engraçado é que, tal como na história, todos meio que sofriam em silêncio.

Não entendia bem o porquê.

Hoje suponho que é porque todos têm suas inseguranças.

ESPELHO, ESPELHO MEU...

Na quarta série estudamos um pouco da mitologia grega.
Me lembro de estar em pé,
Em cima do gabinete azul que ficava na parede da sala.

Tentava colocar dentro do saquinho plástico as informações que tinha pesquisado para a lição.
Adivinhem sobre quem era?
Narciso.

Nessa época, como bem apontando de uma maneira superficial na terapia,
Foi a época que comecei a fazer de mim mesmo um inimigo frente ao espelho.

Passei quase que uma década como "muito magrinho",
"Se vier um vento, sopra pra longe".
Depois de tanta vitamina de personagens e uma quantidade exorbitante de *fast foods*...
Bem, o resto é possível de imaginar.

Quem dera eu entendesse o que Narciso entendia.
Não pelo lado da obsessão, claro.
Mas pelo lado do amor-próprio.

E não que eu me odeie. Ou odiava. Ou odiarei.
Mas olho pro espelho e vejo quase que uma experiência de parque de diversão,

É como se um Raio-X apontasse cada fissura na minha pele,
Cada ponto em que a gordura foi tensionando a fina camada de pele,
Cada estria vermelha acentuada pela branquidão aguda de um bronzeado à lá computador.

O espelho não é meu inimigo.
O espelho também não é meu amigo.
Hoje ele é um personagem coadjuvante na minha história,
Que semelhante àquele da Rainha Má da Branca de Neve,
Apenas me fala o que eu já sei (e não queria saber).

Eu queria me ver como algumas pessoas dizem me ver.
Até lá, me resta guardar, entalado na garganta...
Espelho, espelho meu.

SÓ(LI)DÃO

Muitos e muitos dias, foram nos livros e nos filmes que encontrei o amor.
Ver a versão Hollywoodiana, bem plástica, bem comercial, não foi bom.
Mas era o que eu tinha.

Enquanto meus amigos iam para baladas,
Iam beber escondido,
Iam fazer novos amigos nos seus prédios e conhecer gente no inglês,
Eu me fechava na minha imaginação.

O mundo que eu criei,
Guardado a sete-chaves pelas minhas inseguranças –
Que nessa altura já eram monstruosas –
Fazia com que esses muitos dias se tornassem anos.

Esses anos foram pesando no meu ombro,
E quando bateram os dezoito,
Sem nunca ter sentido amor (de volta),
Me sentia como Atlas.

Carregando meu mundo,
Deitava com o peso que passava das costas para o peito,
Olhava no breu do meu quarto, pro infinito,
Pro meu infinito particular,

E tentava achar forças pra sair daquilo que descobri que era uma prisão.
Prisão que eu havia criado.
Sem ter criado a chave...
Que idiota.

Na minha solitária, contava os dias para que eu me libertasse.
Era uma sentença autoimposta que dependia do meu (bom) comportamento.
Mas eu era malcriado comigo mesmo.
Fazia do espelho a porta de entrada e saída.
O desfecho era conhecido...

Até que, de repente, não mais que de repente,
Foi num táxi,
No interior de São Paulo,
Que meus olhos cruzaram com os seus pelo espelho do retrovisor.

ESCRITO NAS ESTRELAS

Quem nunca entregou suas falhas ao seu signo que atire a primeira pedra.
Talvez aqueles originários dos signos de terra tenham até uma facilidade maior em fazer isso.
Seria uma boa justificativa pra essa casca que a gente cria ao redor de si.
Nossa armadura de palavras, olhares frios e distantes, que quase passam a percepção de um coração parado.

Mas como um bom (insira o signo que achar que melhor cabe a mim), trabalhar é tudo que esse coração faz.
O tum tum tum é tão grande que ele está quase no limite.

Pode-se dizer que por ossos do ofício,
Pode-se dizer também que porque as convidadas não foram graciosas na sua passagem.
Diferente daqueles hotéis que estão prontos pro checkout, deixam até o cartão com um bloqueio pra incidentes, aqui o bloqueio vem depois.

Um pouco tardio.
Digo pra mim mesmo olhando pro espelho.
Olho pras estrelas pra ver se de lá vem alguma resposta.
Triste morar numa capital com milhares de pessoas é que nada se vê no céu de qualquer jeito.

Digo que está escrito nas estrelas porque, se eu não vejo,
Quem é que vai ver para me desmentir?

Às vezes é melhor acreditar nisso do que acreditar naquilo que não queremos acreditar.

Não sei se faz sentido pra você, nem sei se faz sentido pra mim.

Mas faz sentido pra, mais uma vez, evitar de falar daquilo.

DAQUILO MESMO.

POR QUE AMAR?

Uma das coisas que eu mais falo em aula é:
O ser humano é um ser inerentemente social.
Instintivamente a gente busca se relacionar.

Esse relacionamento, por razões óbvias, se materializa em interesses utilitaristas.
E está tudo bem.

A gente precisa de alguém que saiba fazer o que não sabemos.
Que nos ajude com o que não conseguimos.
E, no limite – biologicamente falando –, ajude na reprodução e perpetuação da espécie.

Não se sinta mal ou tente se eximir.
As coisas simplesmente são assim.

Os sentimentos que desenvolvemos para as pessoas com quem nos envolvemos afetivamente, no fim do dia, são subproduto dessa troca, da satisfação dessa necessidade, desse instinto.
Entender isso não faz dele menos puro, faz dele mais lógico – o que esvazia o significado passional que gostamos de dar.

O que precisamos fazer é procurar esse significado a longo prazo.
Procurar pra mais do que um gosto passageiro – que muda.
Procurar pra mais do que a beleza física – que dá lugar ao envelhecimento.

Procurar pra mais do que as similaridades de personalidade – que geram conforto e esvaziam as conversas com a rotina.

Precisamos do amor.

Ele faz com que as dificuldades da vida sejam um pouco mais toleráveis.
Ele faz com que nos dias mais nublados, entre as nuvens cinzas e carregadas, passe um raio de sol.
Ele faz com que as cores e os significados ganhem uma vibrância e sintonia única do casal.

Sempre vão ter prós e contras, mas amamos porque somos bons em amar.

UMA (BREVE) IN(TRO)DUÇÃO ÀS LINGUAGENS DE AMOR

Apesar do elevado grau de sentimentalismo na minha escrita,
Farei jus às minhas raízes acadêmicas e tentarei trazer agora,
Do meu jeito,
Algum grau de cientificidade e tecnicidade para a lógica do amor.

Começo como uma piada ruim:
O que um pastor batista, estadunidense, nos seus (então) +60 anos, sabe da minha vida amorosa?

Resposta:
Talvez tudo.

Apesar do nome talvez não ser conhecido,
Talvez inclusive você nem sabia que ele advém de um contexto religioso,
Mas você já ouviu sobre sua teoria.

Gary Chapman criou a discussão sobre as 5 Linguagens do Amor:
Tempo de Qualidade
Palavras de Afirmação
Atos de Serviços
Presentes
Toque Físico

Esses conceitos são muito curiosos porque,

Na visão dele,
Cada pessoa tem um deles como seu interesse primário.

E por interesse primário,
Na realidade,
Estamos falando daquela que faz a sua parceira
(Ou seu parceiro)
Sentir valorização e afeição significativa.

O grande desafio é nos afastarmos daquela linguagem que GOSTAMOS de RECEBER
E entender aquela que GOSTARIAM que FIZÉSSEMOS.
Principalmente se a pessoa não entende a categorização feita por Chapman e, por consequência, não sabe como expressar isso de forma sintética e direta pro outro.

Muitas vezes, inclusive,
Confundimos o que elas representam.
Por essa razão,
Resumo cada uma num "tweet".

<u>No Tempo de Qualidade, DEDICAÇÃO e ATENÇÃO são palavras-chave. Não interessa o que, como e por quanto tempo, a conexão está no contexto e propósito.</u>

Por exemplo, para afeitos dessa linguagem, se torna altamente especial quando você vai, num dia corrido, só ver a pessoa na portaria, ou dá aquela carona no final de um dia trabalho. Naquele momento, a dedicação vai fazer a pessoa "florescer".

Nas Palavras de Afirmação você expressa encorajamento, reconhecimento, elogios, acolhimento e apoio em geral.

E veja bem, não tem nada a ver com autoestima do outro. Não deveriam ser palavras vazias e pautadas no estigma de felicidade ou sucesso. Pela importância que você tem para a pessoa, ao dizer algo como "Que bom que você veio" ou "Sei que você fez seu melhor", até coisas mais fortes como "Que orgulho de você" ou "Estou aqui por você" são o que faz ela sentir o amor.

Atos de Serviço são, basicamente, ações que representam amor e cuidado.

Quanto mais imerso nesse relacionamento, menores e menos "padrão" se tornam os atos que têm mais efeito. Pra quem mora junto pode até ser coisas cotidianas como preparar uma comida favorita da pessoa, tirar o lixo ou trocar as roupas de cama. Para quem está se conhecendo, pode ser abrir a porta do carro ou tentar resolver aquele probleminha que a pessoa desabafou com você.

Presentes é bem autoexplicativo. E não tem nada a ver com ser ganancioso ou capitalista, mas pelo significado do presente.

Por essa razão pode ser de uma simples bala, algo feito à mão até, claro, aquela viagem pras Maldivas (né, Ludmilla?).

Por fim, toque físico – talvez o mais íntimo de todos – vem do sentimento que se causa com um beijo, um abraço, um carinho, uma mordida e até ~aquilo.

E aí, de novo, não é para confundir com atração e tesão. Os sentimentos por trás vêm do que cada toque evoca, naquele sentido, como manifestação do amor.

E aí, qual é a sua linguagem do amor?

A MINHA É...
(segredo)

MEU PRIMEIRO AMOR
(e escrevo pra você)

Não sei se você sabe disso, ou se vai querer saber,
Mas foram meus amigos que me colocaram no seu caminho.

Aliás, nossos caminhos estavam fadados a se cruzar,
A gente queria as mesmas coisas e nem sabia.

Hoje, se eu parar pra pensar bem, nem lembro como puxei papo com você.
Lembro de te ajudar a fugir pro meu mundinho num jantar da Natal.
Lembro de falarmos do nosso sabor de sorvete favorito POR MARCA e pensar o quanto queria te levar pra dividir uma casquinha com três sabores.
Lembro que não tinha tempo-espaço, só o nosso tempo.

Éramos adultos, mas éramos crianças.
Seu primeiro relacionamento.
Meu primeiro relacionamento.
O que é que a gente sabia sobre a vida?

Nada.
E menos ainda sobre o amor.

A gente criou nossa definição por um tempo.
Meu mundinho tinha espaço pra você e foi confortável ficarmos lá.

Mas o que não sabíamos é que a gente crescia, em todos os sentidos.
Crescia mais rápido do que aumentávamos os limites.

Um dia você olhou no espelho e não se reconhecia.
Não me reconhecia.
E as barreiras que protegiam nosso amor do mundo de fora
Se tornaram as barras de uma prisão autoimposta.

Eu odeio metáforas baratas, porém acho que cabe.
Se duas retas viraram uma, agora estávamos fadados a um destino pior que o paralelismo.
Nossa história virou um ponto.
Um ponto final.

Enquanto nossas linhas iriam para caminhos radicalmente opostos.
E assim foi. É. E será(?)

CASAL QUE NÃO BRIGA É FELIZ?

Eu usei, por muito tempo,
Com orgulho,
Como uma insígnia no peito,
A ideia de que no meu primeiro relacionamento a gente não brigava.

Que idiotice.
Quem passa quase um ano e meio junto sem brigar?

Resposta: quem não se comunica.

Hoje eu falo para meus alunos que a chave de um relacionamento duradouro é crescer junto,
Como uma árvore que começa a se emaranhar com a outra,
Suas raízes, seus troncos, seus galhos,
Em dado momento, você nem lembra qual é a árvore original.

Nem sei se isso é biologicamente possível, ou comum,
E também não interessa.
A metáfora fica bonita assim.

Esse tipo de crescimento só funciona à base da comunicação.
Passar pela vida com os mesmos sucessos, mesmos fracassos, mesmos amores, mesmas dores,
Sem dúvida alguma,
Passa por ter experiências em conjunto, mas também, na sua individualidade, saber como comunicar àquelas que foram singulares a você.

Não é egocentrismo, é a essência do relacionamento humano.

O primeiro instinto do homem pra sua autopreservação foi estabelecer um relacionamento funcional com seus iguais, e fez isso a partir da comunicação.
Seja ela por pictogramas – algo a que estamos regredindo com os emojis – ou pela palavra escrita ou falada,
A realidade é que somos mais fortes quando nos entendemos.

Na nossa paixonite, vivíamos juntos,
E isso esvaziava nossos jantares,
Nossos bate-papos,
Nossas viagens.

Era como se aquele momento junto fosse substituto de trocas MAIS profundas.
Aquilo se bastava, porque nossa companhia era tudo que precisávamos um do outro.
A gente se bastava.

Só que não.

Aquilo eram pequenas rachaduras,
Fissuras inimagináveis,
Detalhes tão pequenos de nós dois,
Que um dia fizeram a barragem emocional se romper.

QUANTO SERMOS IGUAIS É IMPORTANTE?

Eu e minha primeira ex tínhamos muito em comum na época.
Mesmos gostos de filmes, séries, livros, temas acadêmicos, hobbies,
Tudo exceto alimentação – mas aí quase ninguém se iguala ao meu.

E enquanto as coisas iam bem, esses pontos pareciam ser positivos.
Essa convergência enganava bem sobre o caminho que estávamos trilhando.
Era como se estivéssemos indo pra lugares homônimos pela mesma estrada.

Aliás, pra melhor ilustrar, resgato uma memória, vivida com outra pessoa, em que confundimos o nome do shopping, e cada um foi para um lado da cidade.
Falávamos ao telefone, na frente do mesmo cinema, ao lado da mesma árvore, perto da mesma loja.
Apenas separados por 13km.
(E, bem ilustrativo, eu que fui ao encontro dela)

E nesse dia, ficou claro que esse distanciamento era insuperável para a materialização dos nossos planos.

Passado o tempo, quando tentamos fazer o exercício de ver o que deu errado, isso sempre me deixou com uma pulga atrás da orelha...

E aí, escovando os dentes, um dia me veio como uma rajada uma frase que ela me disse no dia que estávamos na sala 3108 terminando:
"Você roubou meu trovão"

Enquanto eu achava que estava abrindo caminho pra ela,
Ela achava que eu colocava as minhas pegadas em territórios que deveriam ser dela para serem descobertos.

Tamanha similaridade dos nossos gostos, que eram como se eu estivesse vivendo a vida que ela queria 2 anos antes.
E isso era aquela pedrinha constantemente pressionando a sola do pé, bem na falha da costura do sapato do nosso relacionamento.
A gente procurava onde estava a pedrinha, e não achava.

Aliás, só achamos quando destruímos tudo.

Eu tenho quase certeza que o oposto disso também é verdadeiro.
Ou seja, pensar a máxima de que "opostos se atraem" é igualmente falso.

A realidade é que as pessoas precisam convergir naquilo que interessa, que são os sentimentos e os objetivos de vida, o resto são os desafios da vida.

QUANTO O SEXO É IMPORTANTE?

Falar de sexo é falar sobre sexualidade.
A atração é uma parte BEM importante do relacionamento.
Mas não a parte mais importante.

O problema é que com a eclosão das diferentes formas com que manifestamos a nossa sexualidade,
Perdemos de vista que ela PRECISA andar de mãos dadas com sentimentos.

A realidade é que a química na cama é tão boa quanto a química fora dela.

E, no português mais direto:
A mecânica do sexo vai funcionar (quase) sempre.
Ela não tem nada a ver com sentimentos,
Simplesmente um atestado de bom funcionamento do sistema vascular – dos dois.

Um bom relacionamento precisa de sexo.
Um ótimo relacionamento,
Um relacionamento saudável TEM sexo.

E se o sexo vem antes,
Nem dá pra chamar de relacionamento.

E assim como nenhuma boa história de noitada não começa com uma salada,

Nenhuma história de amor começa com sexo.

Ele é o subproduto do amor.
Ele é o produto do tesão.
Ele é a manifestação do desejo.

E não estou aqui para pregar o celibato ou o fim do sexo causal,
Nem estou aqui para transitar em absolutos para dizer que NUNCA o amor vem depois do sexo.
Porém, contudo, entretanto, todavia,
Na lógica da liquidez,
Na ausência de alguma estrutura,
O relacionamento não tem uma base para se sustentar.

Do sexo bom pro sexo ótimo a diferença não está no brinquedinho,
na posição do *Kama Sutra*,
nem na satisfação dos fetiches que residem nos cantinhos mais íntimos da nossa imaginação.

O sexo ótimo vem da intimidade,
Da conexão,
Da forma com que a mão de um desliza pelo corpo do outro,
Como os lábios encostando nos lugares certos fazem aquele arrepio percorrer o corpo todo – que nenhum sistema vascular resiste,
Da forma com que a troca de calor entre os corpos acontece de um jeito simples, mas singular.

Eu poderia listar o que qualquer revista masculina dos anos 90 e 2000 fala sobre dar prazer à sua parceira,

Mas trazendo pros reais desafios da era líquida,
Basta uma coisa: se dê de corpo e alma, para que seu parceiro tenha sua alma e seu corpo.

(O corpo sozinho não serve pra ~quase~ nada).

SERÁ QUE OS NOSSOS SONHOS SÃO NOSSOS MESMO?

Imagine assim: eu e você acordamos, juntos.
Sem alarme, sem nada.
Não temos pressa.

Depois de um banho quente, juntos.
O que fazer?
Abrir as grandes portas do Hotel
E sentir a brisa gelada do inverno novaiorquino no rosto.

Paramos na sua cafeteria favorita.
Seguimos para nosso lugar favorito.
(para um curso que eu já fiz)

Algo de errado não está certo no nosso sonho.
Não era o que você queria.
E eu só queria você.

Eu não conseguia enxergar,
Naquele momento,
Que a gente estava,
Na verdade,
Vivendo sonhos separados.

Ou melhor, sonhos de quem éramos.
Sonhos que dividimos numa noite quente,
Debaixo dos edredons,

Encantados pelo futuro que achávamos que teríamos.
É a maldição da fortuna.
A nossa estava chegando ao fim.
Eu não queria.

Mas queria saber.
Queria poder ter aquele brilho no seu olho pra sempre,
Quando de mãos dadas,
Juramos amor sob as luzes da Times Square.

A realidade era que aquelas juras eram tesão.
Tesão pelo momento.
Tesão por Nova York.

Mas ainda era nosso.
Mesmo que não seja mais.

Eu ainda lembro de você,
Enquanto ando,
Devagar,
Pelas ruas da 6.ª avenida.
Será que você ainda se lembra de mim?

Eu nunca achei que a gente poderia terminar mal.
A gente literalmente passava o dia todo grudados.
Nos melhores momentos, você cabia perfeitamente dentro do meu abraço.
Seu rosto, encostado no meu peito, acompanhando com serenidade cada respiração.

E aí, numa terça-feira,
Sem nada memorável sobre ela,
Tudo terminou (mal).

O curioso do tempo é que ele cura todas as feridas.
Ele sedimenta, com os grãos do tempo, na ampulheta da vida,
Os dias,
As semanas,
Os meses,
Os anos.
Ele endurece a "casquinha", que não conseguimos (ou queremos) arrancar.

E aí, numa sexta-feira,
Com muita coisa memorável sobre ela,
Afinal estava fazendo novamente o evento que a gente ama/amava,
E aí você aparece num story,
Aparece no Museu embaixo de mim,
Está no restaurante do outro lado da rua que estou almoçando.

E eu não pensava em você há anos,
Mas te ver – mesmo que de longe – acelerou meu coração.

Não consigo negar que pensei:
"Será que você ainda pensa em mim?"

Não que seja um exercício de ego ou vaidade.
Mas porque ouvi tantas coisas ao longo dos anos.
E você me cortou da sua vida de um jeito brusco –

Rasgando cartas,
Bloqueando das redes sociais,
Sumindo do nosso círculo de amigos em comum.

Eu não tenho razões pra achar que as coisas seriam diferentes hoje.
Não acho que ficaram pendências do nosso amor.
Mas eu sinto que pelo jeito que ele terminou,
Aquele que foi o primeiro,
Você preferia que nem existisse.

E eu não queria que fosse assim.
Eu aprendi a amar com você,
Por você.
E saber que hoje você sente por mim a antítese desse sentimento,
Ainda sente depois desses anos todos,
Me gera uma tristeza.

Eu queria que você lembrasse de mim,
Como eu lembro de você,
Quando o iPhone joga nas memórias
Pequenos retratos de quem éramos.

Woody e BoPeep,
Geeks,
Praieiros,
Cinéfilos,
Felizes.

POR QUE VOLTAR COM A EX É UMA MÁ IDEIA!

Começo dizendo que ex é ex por alguma razão.
Boba ou complexa,
Tangível ou intangível,
Algo compeliu uma ou as duas partes a terminar a relação.

E sei que você pode se reconciliar.
Sei que é possível contornar a "pedra no caminho".
Mas vale a pena?

Eu sofri quando a gente terminou.
Guardei numa caixinha tudo que me lembrava dela.
(Por incrível que pareça, essa caixinha está lá no fundo do meu armário desde então).

O que fez a gente terminar era tipo um iceberg...
Tinha uma pontinha visível, que era fácil de falar para amigos e familiares.
Mas a parte significativa, que fez o SS Paixão afundar, era o que estava embaixo d'água.

Então logicamente, ciúmes ou ter ingressos para um show e uma peça talvez não fossem as melhores razões para pensar em voltar.

Na época a gente não via assim.
Esses compromissos eram apenas nossa forma de nos mantermos ligados, tentando forjar uma amizade.

No dia a dia, a gente tentava se agarrar no ciúme de pensar em outras pessoas ocupando nosso lugar para tentarmos nos reconectar.

A realidade é que a comunicação ainda não estava lá.
O problema não estava resolvido.
Aliás, ouso a dizer que, pelo menos do meu lado, demorou para que eu entendesse qual era o problema.

E você, caro leitor, pode achar que essa individualização não pode ser a premissa de uma generalização...
Ainda mais se numa tiragem coletiva de Tarô no TikTok saiu que seu ex vai voltar.
Mas a premissa vem do aprendizado: por mais que o problema aparente existisse, o que estava embaixo d'água precisava de tempo, de maturidade e de experiências.

Hoje eu reconheço que não teria como viver isso com ela.
Não iria dar certo.

Por isso vale a pena pensar se seu caso seria uma exceção, já que...
Voltar com seu ex é uma má ideia!

CLUBE DO CORAÇÃO PARTIDO

Tal como um pequeno príncipe, estava sozinho no meu mundo.
Foi a primeira vez que senti o amargo sabor do amor.
Amargo porque você não deixa de amar, quando deixa seu amor com alguém.

Finalmente entendi por que seu coração fica em milhares de pedaços.
É em cada um deles que você guarda cada um dos momentos que você viveu com a pessoa amada.

Seria fácil agora, depois de tudo, te odiar.
O ódio é uma cola barata, ele não junta os pedaços.
Não se apaga amor com ódio.
Não se apaga amor com nada.

Por isso talvez precise revisitar minha primeira afirmação.
Eu não estava sozinho no meu mundo.
Eu estava preso no meu mundo com as nossas memórias.

Eu sei que não pareceu que eu estava sofrendo, mas eu estava.
Eu era o único membro do Clube do Coração Partido.

Ou eu achava que era.
Tinham tantas pessoas com coração partido ao meu redor, que eu acabei achando você.
Mas não era hora de achar você.
E talvez esse seja o problema.

Dois corações quebrados não se consertam,
Ainda mais no meu mundo.

SERÁ QUE DOIS ERROS FAZEM UM ACERTO?

Começo dizendo que tenho muito a dizer.
E apesar de ter dito muito,
Aposto que nada foi certo.

Dois signos de terra.
Duas cabeças duras.
Dois corações endurecidos.

Mas a verdade não é essa, né?
Meu mundo se tornou o nosso infinito particular.

De cara, já foi diferente.
Talvez porque começou pela sacanagem,
E só depois vieram os sentimentos.

Mas não era isso que fazia ser infinito.
Eram nossas mensagens infinitas.
Do bom dia, do boa noite.
Dos sonhos, medos, vontades e dia a dia.

Você me encontrou no meu pior.
E ainda assim me fez o meu melhor.

Era um carinho genuíno,
De dois corações quebrados,
E por um breve momento,
Os nossos pedaços se misturaram.

Mas não é pela brevidade que ele abrevia a intensidade.
Só eram dois corações errados tentando fazer o certo.

TRÊS MESES...

Eu acho que você não gostaria que as pessoas soubessem que, por trás dessa pose de marrenta, existe um coração bem caloroso.
Ao mesmo tempo, gosto muito de ter o privilégio de ter conhecido uma versão diferente sua.

Essa experiência foi tão diferente que conseguiu quase que uma raridade da física moderna, dilatar tanto o tempo que nem pareceram só três meses.

Pra mim ainda é doloroso lembrar.
Não sei exatamente qual parte:
Os momentos que ficaram eternizados na nossa história,
Ou o fim tão abrupto num dia tão especial.

Eu lembro,
Daquela tarde chuvosa,
Que eu te mandei mensagem pra dizer que tinha sido contratado
E você pra me dizer que estava voltando com seu ex.

Pra mim não foi surpreendente aquele desfecho,
Talvez tenha sido surpreendente o *timing*.

Mas talvez porque eu queria que a gente tivesse vivido mais coisas.

Aquele sentimento eletrizante de descobrir novas séries juntos,
Sair para comer em hamburguerias diferentes para achar um lanche que fosse melhor do que aquele perto da sua casa, que você insistiu tanto para irmos.
Que fosse melhor que passar o dia juntos e terminar comendo pizza com os *sticks* de alhos (que você sempre fez questão de me zoar por gostar, mas nunca deixava de comer uns).

Parecia fazer tanto sentido essa combinação – que até meus amigos gostaram de você.
E eu fiquei com a leve impressão que você gostou deles também, afinal entre *Game of Thrones* e cerimônias do Oscar, esse grupo é um gosto adquirido.

E não eram só os momentos que a gente estava junto,
Eram os momentos que estávamos distantes também.

A gente falou sobre o passado.
Sobre o presente.
Até falamos sobre o futuro.
Falamos sobre sonhos e medos e angústias.

Entre choros e risos,
E risos que levavam a choros,
E choros que terminavam com risos,
A gente parecia feliz.

Por isso, às vezes,
Mesmo TANTO tempo depois,
Eu me perguntava:

"Será que você ainda pensa em mim?"
"Será que você sente saudade do que vivemos?"
"Será que você pensa no que não vivemos?"

A ausência de resposta já era uma resposta.

VOCÊ NÃO DEVERIA STALKEAR QUEM VOCÊ NÃO QUER VER COM OUTRA PESSOA

Depois do meu último enrosco,
Ainda com as vendas do amor e da inocência,
Eu achava imaturo bloquear e sair da vida da pessoa.

Afinal, não é porque não deu certo que você não deveria nutrir amizade.
Né? NÉ?
SIM – É EXATAMENTE ESSA A RAZÃO PELA QUAL VOCÊ DEVERIA SEGUIR SEU CAMINHO.

Eu brinco que existe um olhar.
Aquele olhar de "eu já te vi pelada".
É como um *insight* de intimidade que serve como deferência a outro momento, em que cada um ocupava um lugar diferente na vida do outro.

Sabe o que te mata?
Ver a pessoa fazendo esse olhar pra outra pessoa.

As redes sociais,
Como vitrines de felicidade,
Mesmo sem querer,
Expõem os detalhes que a gente não quer ver.

A pessoa posta stories com duas taças na mesa.

Posta a parede do quarto daquela pessoa que você sempre soube que ela era a fim.
Posta uma música que era só de vocês.
Posta duas mãos entrelaçadas.

E o coração parece que levou uma facada.

Maturidade vem de seguir,
De forma saudável,
Novos caminhos.

A pessoa quis que vocês seguissem caminhos diferentes.
É hora de honrar isso.

Ser expectador da felicidade dela...
Ou forçar ela a ser da sua...
É torturante e ataca a gente de vários jeitos.

"E se ela era mais feliz comigo?"
"E se ela terminar com ele?"
"E se eu nunca fiz ela feliz?"
"E se eu nunca for feliz assim?"

E no silêncio da noite esses pensamentos se tornam um zumbido insuportável.

O distanciamento permite que,
Saindo do mesmo caminho,
Você cruze o caminho de outra pessoa.

Por isso, não stalkeie a pessoa.

Não deixe isso ser o que te agarra num relacionamento que não existe mais.

Não deixe isso te impedir de viver novos relacionamentos.

Não deixe isso pautar seus futuros relacionamentos.

COM QUANTAS CORES SE FAZ UMA AMIZADE?

Eu posso dizer que aprendi o que é uma amizade colorida.

Foi um acidente.
Palavras trocadas, com suas entrelinhas.
Que encontraram amigos casuais.
Em momentos "casuais".

Cá entre nós,
E eu já te falei isso...
Eu errei.

A realidade é que eu embalei em romance uma amizade colorida.
Eu recorri para o que eu conhecia,
Numa tentativa desesperada de manter a torneira de afeto aberta,
E acabei entupindo o ralo com as inseguranças.

Entre meias fofuras,
E meias tiradas,
Meias palavras,
E meias colocadas...

Um fim.
Não trágico, mas abreviado.

As cores foram perdendo a nitidez,
O contraste,
A saturação,
O brilho...

Você, com suas habilidades, soube bem ajustar isso pro preto-e-branco.

Mas somos um clássico que não sai de moda,
E à lá Chaplin,
Ainda bem que ainda dividimos risadas.

AGORA EU QUERIA OUTRA AMIZADE COLORIDA

Sabe aquela amiga que você sempre achou que tinha tudo a ver com você?

Depois da amizade colorida que eu tinha acabado de sair,
Eu acreditava que essa era a resposta para uma pessoa que eu tinha interesse: outra amizade colorida.

A priori, tinha aprendido com meus erros.
Estava machucado com meus relacionamentos anteriores.
Só queria me ~divertir~ com alguém que eu já me divertia.

E quanto mais eu te olhava com esse olhar,
Mais eu me convencia que fazia sentido.

Só que você era elusiva,
Misteriosa.

Para tudo que eu conhecia sobre você,
Para tudo que eu conheço ainda hoje,
Existe uma imensidão desconhecida.

E sempre foi difícil te ler.
Ou você sempre achou difícil ler minhas intenções.

As coisas começavam com flerte,
Entravam no vale da amizade,
E depois ficavam confusas.

Depois que eu tomei a decisão de conversar com você.
Tentar, do meu jeito, abrir os sentimentos que existiam.
Você tratou eles com todo carinho, respeito e responsabilidade.

Hoje, anos depois,
Talvez consiga admitir que a ideia de uma amizade colorida
não fosse bem o que eu queria.

Ainda assim, consigo reconhecer que,
Por você ser exatamente do jeitinho que você é,
Foi possível preservar nossa amizade.

O carinho e a admiração que eu tenho por você sempre vão
existir num lugar especial.

Hoje eu te vejo feliz,
Numa outra fase da vida,
E isso me traz conforto de não termos feito nada.

CAROLINA

Eu já tinha passado por você algumas vezes.
Seu jeito tímido, de desviar o olhar, era quase como uma técnica de camuflagem.
Sua voz meiga, com palavras doces, de afirmação, sempre foi reconfortante.
O problema é que seu sorriso é um imã, incrivelmente atrativo.

Em temos mais simples,
Tudo que precisava pra ele aparecer
Eram três Carolinas.

Curioso.
Por várias razões.

Mas acho que as nuances ficariam para o futuro.

FAZENDO DIREITO

Enquanto eu me remoía,
Incrédulo que eu tropeçava de um caso para o outro,
Você chegou.

Seu ímpeto de fazer a diferença,
De fazer as coisas direito,
De fazer do seu jeito,
De fazer porque é o certo...
Não tinha como não chamar atenção.

Você era diferente de todas as outras.

Nunca consegui expressar isso para você,
Mas no fundo eu acho que você sempre soube:
Nós somos completamente diferentes e,
Ainda assim,
Completamente complementares.

É como a força do mar,
Que puxa a maré
E depois a empurra até a areia.

Quanto mais a gente convivia,
Mais a gente se encantava com a visão de mundo que o outro tinha.

E muito a despeito do que você imaginava,
Sim, eu sempre tive muita admiração por tudo que você fazia,
Faz,
E vai fazer.

É aquilo, o que você faz,
Você faz direito.

SENTIMENTOS VAZIOS

Apesar de ter admiração,
Nossa relação passou um bom tempo esvaziada de paixão,
E esvaziada de tesão também.

Salvo aquele momento bem fofo,
Bem cinematográfico,
Em que trocamos nosso primeiro beijo,
O resto permaneceu um filme...
Da "Sessão da Tarde".

E não é que faltava carinho,
Não é que faltava interesse,
Faltava paixão e dedicação.

Quando a gente voltou a se falar,
O interesse não conseguia superar a insegurança,
O que nos fazia diferentes ficou mais acentuado,
E, pelo menos do meu lado,
O que perdurava era a curiosidade pela intimidade física.

De certa forma,
E com certeza equivocada,
Era a tentativa de promover uma reação química exotérmica.

Com perdão do trocadilho,
Nossos corpos físicos padeceram não pela química,

Mas pela física –
Em que não conseguíamos ocupar o mesmo lugar.

A conclusão,
Ainda que precipitada
Ou talvez unilateral,
É de que os sentimentos existem,
Porém são vazios.

Igual nossas conversas que hoje ecoam e evocam memórias de um passado distante.

TROCADO DE NOVO...

A coisa que mais me pegou é que você foi a primeira pessoa que eu me envolvi sem compromisso.
Mas na minha cabeça,
E admitidamente só nela,
Enquanto você está conhecendo alguém,
Você não tem interesse em conhecer outras pessoas.

Eu sempre sentia nas nossas conversas que tinha algo esquisito.
Você foi "gentilmente" soltando as migalhas do que te incomodava.

Em dada ocasião,
Cruzando a saída da Bienal dos Livros,
Você reiterou, pela última vez, o quanto que você PRECISAVA sentir que agregava na vida do outro para se envolver.

Naquele dia,
Com muito pesar,
Terminamos algo que nunca começou direito.

Mas o que mais me pegou foi,
Pouco tempo depois,
Ver você e ele juntos.

Nunca vou esquecer.
Enquanto rolavam os créditos dos Vingadores,
Entre um story e outro,
Esperando a cena pós-crédito,
Vi na realidade a cena de abertura do seu novo relacionamento.

À distância ele parecia o que você procurava.
À sua moda, parecia que encaixava nos seus interesses,
Na mesma medida que permitia essa contribuição que parecia tão importante.

Aquilo doeu como poucas vezes tinha doído antes.

Talvez não só por você,
Mas com certeza pelo fato de que eu,
De novo,
Estava sendo trocado.

Minhas inseguranças borbulhavam,
Procurando um erro no nosso envolvimento,
Que nunca existiu –
Nem o erro, nem o envolvimento.

Para duas pessoas profundas,
A gente fez um esforço tremendo em ser raso.

E o problema é que isso nunca permitiu que o sentimento voltasse a ser o mesmo.

Não importa quantas vezes,
Ao longo desse tempo,
Nossos caminhos se cruzassem de novo,
Uma parte de mim ficou presa naquilo e não tem como voltar.

Não tem como você ser trocado e achar que, se não der certo, as coisas podem voltar a ser como eram.
Isso é algo que desde os tempos de Heráclito é sabido como filosoficamente e fisicamente impossível.

A ETERNA VALSA SEM PARCEIRA

Em dado momento,
Entre uma angústia de solidão e outra,
Passei a pensar na vida como uma valsa.

Seus movimentos suaves e giratórios,
Os casais deslizando pelo salão em um ritmo ternário,
Com um contato físico que beira a intimidade.

É o equilíbrio perfeito entre graciosidade e elegância
Os movimentos são fluidos e harmoniosos.
Uma atmosfera romântica e envolvente.

Não há quem diga que uma valsa não é bonita.
E também, quem sabe dançar,
Não nega que exista uma curva de aprendizagem.

O óbvio, ninguém precisa dizer...
É uma MERDA dançar sem parceiro.

Você balança seus braços no ar,
Mexe seus pés num ritmo que só você parece entender.
No meio do caos,
A lógica que só você entende.

De novo, como a vida.

Mas o real problema,
Ou o real problema PRA MIM,
É quando você acha uma parceira.

Não uma parceira qualquer.
Aquela que não pisa no seu pé.
Que acompanha a música como se vocês estivessem dançando juntos a vida toda.
Aquela que entrelaça os braços por cima do seu ombro,
E com os corpos encostados,
Respiram e se movem como um.

Perfeito, né?
PERFEITO.

Onde é que achamos uma dessa?

EU, VOCÊ, DOIS FILHOS E UM CACHORRO

Eu não conseguia esquecer você.
Era um domingo de maio.
Ousei o que não havia ousado até então.
Escrevi uma declaração digna de Camões.

Deletei.

Você, muito perspicaz, me OBRIGOU a reenviar.
E meu coração batia tão forte que eu não ouvia nada.
Digitando...
Digitando...
Digitando...

Não era o que eu queria ler.
Mas também não era um não.

Pelo menos você sabia o que eu queria.

Uma proposta indecente.
Uma pré-estreia com direito a orelhinhas e tudo.
Tudo iria mudar.
E muito.

Nosso tempo era curto.
Então eu precisava aproveitar cada segundo.

E eu acho que, do nosso jeito, aproveitamos né?

Eu posso te dizer que não existia sensação melhor do que acordar com você ao meu lado.
Aquele momento que a gente se virava e com olhos entreabertos abríamos um sorriso.

Eram muitas risadas.
E muitos sonhos.
E muitas expectativas.

Será que esse era o "Para Sempre"?
Será que era o começo de uma canção do Luan Santana?

O GRANDE RISCO: QUANDO VOCÊ NÃO SABE SE ERA FLERTE OU SÓ GENTILEZA

Eu pensei um bocado antes de contar essa história.

Até porque, desde o meu primeiro relacionamento,
Os demais foram curtos,
Marcados pela intensidade e *fortuna* (no sentido mais clássico da palavra).

Mas já que vocês chegaram aqui,
Preciso confessar:
Estava completamente desesperançoso sobre me envolver com alguém.

A parte física era interessante,
Mas o emocional era essencial.
E eu não estava encontrando isso.

Eu me iludia com afeto e atração.
E, por isso, na liquidez transitória,
Tão rápido quanto vinha, ia.

Eu percebi que,
Mesmo cercado de pessoas,
Eu me sentia muito sozinho.

Me peguei várias vezes pensando que a minha amizade era uma conveniência.

Em momentos de necessidade,
Se eu pudesse oferecer algo –
Indicação,
Resolver um problema,
Escuta ativa,
Carinho,
Atenção –
Era "suficiente" pra gerar uma aproximação.

Isso fazia com que muitas amizades fossem,
Pra dizer o mínimo,
~questionáveis.

As pessoas que me cercavam
Vinham e iam,
Mas não mostravam o porquê da chegada
Ou da partida.

Na terapia, com o distanciamento,
Percebi que, sem distanciamento,
Olhava para certas amizades como um caminho para o flerte.

Lógico que não de cara.
Com a autoestima mais pra baixa estima,
Eu realmente achava que eram gentilezas.

E aí a pessoa começava a flertar.
E eu de novo achava que não poderia ser.

E aí eu começava a flertar.
E reiniciava um ciclo já descrito anteriormente.

Senti que estava entrando numa cilada emocional:
Forjar amizades.
Flertar.
Me envolver.
Dissolver.
Repetir.

E eu não estava gostando disso.

CORPOS QUE QUERIAM SE TOCAR, MAS NÃO CONSEGUIRAM

Às vezes penso que somos como ímãs.
Quando você queria,
Meu polo estava virado para outra pessoa,
E nos repelimos.

Quando eu queria,
Você estava grudada em outra pessoa,
E nos repelimos.

Numa breve alteração no campo magnético terrestre.
Um distúrbio a ser estudado pelos cientistas.
Encontramos em conversas,
Passeios de carro,
E guloseimas de origens europeias,
Uma atração.

Nossos corpos,
Ao menos na minha interpretação,
Ansiavam à distância pelo toque,
Mas na proximidade não conseguiam.

Era um paradoxo incompreensível.

Até porque,
No papel,
Aquilo fazia muito sentido.

Aquilo que a gente gostava nos unia.
Ao ponto de cantar a mesma música quase toda vez que estávamos no carro.
Ou de olhar para as possibilidades de explorar mais esses interesses fora da vida noturna paulista.

Entre tentativas frustradas,
Saídas incompletas,
E sentimentos mal comunicados,
A gente foi se afastando...

Nem as conversas,
E os beijos,
E os olhares,
Faziam as coisas mudarem.

Queria entender mais do porquê.

TO BI OR NOT TO GAY

Como um lampejo de memória,
Lembrei de um dia que você me chamou para tomar café.

Foi antes de começarmos a ficar.

Eu acho que você estava tateando no meridiano da gentileza/flerte,
E queria ter a certeza antes de ajustar os "relógios".

Embalados por um chocolate,
Entre um elogio e uma pergunta:

"Você é bi?
Porque na realidade as pessoas até acham que você é gay".

Eu acho que a minha negativa não era exatamente a que você procurava.
Aliás, acho que minha cara de espanto falou mais alto que minhas palavras.

Fiquei pensando depois.
E pensando bem depois também.

Acho que sou bem consciente de onde meu estilo,
Meus gostos,
E minha aparência física me colocam no espectro de pessoas "padrão",
Mas nunca imaginava que me colocavam nessas caixinhas.

A sorte é que eu não liguei.
E continuo não ligando.

Acho que autenticidade,
Conteúdo
E ações continuam sendo mais importantes que a percepção das pessoas.

Nossa história,
Nossos desejos,
Nossos interesses falam mais alto do que a opinião das pessoas.

UMA MÁ INFLUÊNCIA

Na internet todos somos diferentes.
E acho que nosso caso não foi uma exceção.

Nosso enrosco sempre foi pautado numa certa sacanagem.
Na medida necessária para que as inibições,
Que eram como pedras no caminho,
Deixassem de ser memoráveis à altura de Drummond.

Transformamos a destrutibilidade de *bites* e *pixels* num chamariz.

Eram conversas,
No auge da madrugada,
Regadas de insinuação,
E te(n)são,
Pautadas no desejo.

Era errado,
Mas um bom errado.

Quando a gente deveria parar,
A gente continuava.

Era uma gradação de fetichismo,
Com pitadas de curiosidade,
Com punhados de antecipação.

Seria mágico
Se não fosse estático.

Seria perfeito
Se não fosse a realidade.

Cálida e distante,
Iluminada pelo sol que acabava com a penumbra da noite,
Lugar confortável para esses acontecimentos.

E, de certa forma,
Vão ter um espaço distinto nas respectivas imaginações.

A DISTÂNCIA QUE NOS SEPARA

Eu, particularmente,
Não acredito que a distância física é um impeditivo pro amor.

A vida,
Em sua grande imprevisibilidade,
Leva a gente para caminhos diversos em que
Juntos andamos,
Engatinhamos,
Corremos,
Surfamos,
E, em bons dias, até cavalgamos.

Criou-se o estigma de que webnamoros geram webcornos.
Confesso que a aliteração é tão engraçadinha que faz essa máxima ser altamente reproduzível.

Mas no fundo é sobre interesses.
Determinação.
E conexão.

Lógico que a "separação" é ruim.
Quem é que está num relacionamento e quer dormir numa cama vazia.
Quer sentar do lado de um estranho no cinema.
Quer fazer compras sem ter pra quem pedir opiniões.

Mas é uma desculpa pra fraqueza da moral.

Eu estava disposto a amar acima de qualquer coisa.
Ela... não.

VOLTA LOGO PRA SÃO PAULO

Depois de ter nos meus braços,
Depois de te esmagar no canto do elevador e te encher de beijos,
Depois de viver tantas coisas com você,
Depois de acordar do seu lado,

Não conseguia imaginar você longe.
Mas a vida não é no nosso ritmo.

Foram pequenos passos que foram dados em direções opostas,
Que gradualmente foram se tornando um mar,
Intransponível,
Praticamente um Oceano Atlântico,
De visões diferentes.

Eu achei que a presença era o que precisávamos,
Mas era, de novo, eu tentando te trazer para o meu mundo.

Você não foi feita pra ficar presa.
Você não foi feita pra aceitar menos.
E eu era menos.

Naquele momento, enquanto seus horizontes se expandiam,
Novas realidades surgiam,
Novos personagens surgiam,
Novos amores (de verão).

E eu era out(ono)ro.

Não lembro quando a gente parou de se falar.
Não quero lembrar.
Lembro que foi como se meu coração tivesse parado.
Não queria parar.

E por mais que parecia parado,
Não parou.
Você voltou. Mas não foi você que voltou.
Ou você QUE EU lembrava,
Ou que CRIEI na minha cabeça.

Entre São Paulo e Madri, ficou nosso amor.

UMA BREVE REFLEXÃO SOBRE (NÃO) ESTAR PRONTO PRA UM RELACIONAMENTO

"Não é você, sou eu".
"É que eu não estou pronto(a) para um relacionamento sério".
"Eu não quero namorar".

Aff.
QUE. PREGUIÇA.

Sabe por quê?
Porque é normal não estar pronto,
Não desejar,
Não querer um relacionamento.

Ouso a ir além e dizer que o mais normal é não querer essas coisas com você...
Afinal, quem nunca se envolveu com alguém que disse uma dessas frases e apareceu com um ser na sua frente pouco tempo depois.

A verdade é que precisamos ser verdadeiros com o que estamos sentindo.
Não existem meias palavras que fazem verdades completas.
Não existem meias mentiras que fazem sentido completo.

Eu olho pra situações em que passei por coisas assim e percebo que divido responsabilidade por não internalizar o que a pessoa diz.

Mas também preciso dar culpa, onde culpa cabe,
Que as ações da pessoa não condizem com as palavras que saem.

Quando você fala não te quero,
Mas os corpos gritam o oposto,
Você fica preso nesse paradoxo destrutivo.

Criar uma codependência emocional no outro,
Só porque aquilo te satisfaz em algum nível,
É a mais baixa forma de conseguir afeto.

Porque é um afeto genuíno por uma ilusão.

No dia que chega ao fim, a pessoa continua confrontando a ilusão criada do que é a realidade imposta.
E haja terapia pra que se afaste uma culpa que não lhe cabe.

A responsabilidade afetiva não é só um palavrão necessário em tempos de cólera moderna.
Ele é um lema pra essa sustentabilidade afetiva.

Saiba se você está pronto ou não para um relacionamento –
Seja lá qual for a forma de relacionamento –
Antes de entrar.

CARÊNCIA OU DESEJO?

Numa busca por uma constatação, quase autocrítica, do status que damos aos relacionamentos na modernidade,
Várias vezes me peguei pensando sobre o envolvimento com a pessoa A, B ou C*.

Quando a gente não se entende o suficiente,
A gente coloca o significado mais cabível naquilo que está na nossa frente.

Nos momentos mais baixos,
Quando colocamos a cabeça no travesseiro,
E pedimos para qualquer divindade mística-cósmica para nos mandar um par perfeito,
Precisamos saber se o enviado é por carência ou por desejo.

A realidade é que a gente é mais carente do que parece.

Adoro dar aquela rolada na minha linha do tempo no Twitter
Porque invariavelmente, dia sim, e outro também,
A gente vê tweets que pedem um "amorzinho".
Mas é isso que queremos mesmo?
Ou a gente quer aquele toque físico que se supõe que vem num lance desses?

Não acho que todo mundo que quer um relacionamento está confuso.
Mas raramente vejo pessoas procurando um relacionamento e começando pelo sexo.

O sexo é um inibidor de intimidade.
Ou melhor, é um tipo de intimidade,
Que ocupa o silêncio da mente com a fala do corpo.

E não é que ele é um impeditivo,
Mas é uma barreira.

Você não vai falar sobre as angústias,
Sobre os sonhos,
Sobre os medos,
Quando você tem uma língua na sua garganta.

É um subterfúgio pra luxúria que deveria ser o ápice da intimidade.
E como chegar no ápice sem a base?

A construção do desejo cria todo o arcabouço da intimidade.
É da curiosidade saudável que se aprende os gostos,
E se faz com que toda a dinâmica seja elevada para outro nível.

O fogo no c* é uma realidade pra quem não quer lidar com a burocracia supracitada.
E pra isso tem vários caminhos.
Mas nenhum desses caminhos passa por colocar um rótulo de relacionamento, ainda que seja casual.

Os filmes antigamente cunhavam a regra dos 3 ou 5 encontros antes do ato.
Não acho que precisa de tudo isso.

Ainda mais que hoje gastamos horas e horas naquela paquera on-line.

Mas certamente precisamos distinguir essa carência do desejo.

A designação por letras do alfabeto não é uma tentativa fútil de omitir a identidade das pessoas, apenas uma frivolidade alfabética.

PAIXÃO OU EGO?

Na mesma linha da reflexão anterior,
A gente precisa saber o que o outro instiga na gente.

Não tem nada mais significativo do que alguém enxergar em você algo que você mesmo não tem a capacidade de enxergar em si.

Igualmente, a gente também tem que reconhecer que usamos os elogios e atos de serviço do outro como uma forma de aumentar nosso ego.

E é só em filmes que a gente acha que,
Na insistência,
Vamos conseguir transformar o coadjuvante no protagonista.

Amor é simples.
Relacionamentos são mais complicados.

Na essência,
Quando nos conectamos no superficial,
E decidimos mergulhar nas profundezas –
Estamos optando pela paixão.

Quando nos satisfazemos com o exterior,
Quando brilha os olhos a validação externa sem a reciprocidade,
Estamos usando alguém pelo nosso ego.

E é corriqueiro a gente se levar pelo ego,
Ele é tão ferido às vezes,
Pessoas fazem tanto pra desinflar ele,
Que ele fica abaixo no nível do amor-próprio.

E aí alimentamos com um terceiro o que um segundo não entrega.

Porém, na nossa imensa busca pela felicidade,
SE FOR VERDADEIRA,
Usando das armas da responsabilidade afetiva,
Devemos optar pela paixão –
Por mais difícil que seja.

O ego vai embora, mais dia menos dia, quando a pessoa não enxergar futuro na adulação.

SONHAR COM ALGUÉM QUE NÃO SE PODE TER

Como nos tempos de Romeu e Julieta,
Ainda existem amores proibidos.

Talvez amores seja uma palavra muito forte.
Mas interesses proibidos.

Aquela amiga...
Aquela colega de trabalho...
Aquela namorada do seu amigo...
Aquela desconhecida que cruzou olhar com você num evento...

Talvez não proibidos,
Mas desencorajados.

E aí,
Sob o véu da culpa católica,
O pecado da luxúria
Toma conta dos nossos sonhos.

Faço um contraponto que,
Muito provavelmente pelas próprias inseguranças –
Até mais do que pelos impedimentos éticos e morais –,
A gente projeta esses sonhos como desejo platônico.

Até se pensarmos um pouco mais friamente,
Nem faz sentido.

É o desejo de um corpo pelo outro,
O que é extremamente redutivista no amplo espectro das relações humanas.

Me pego,
Enquanto escrevo,
Pensando em uns 3 ou 4 casos assim,
Que me tiram um sorrisinho só de lembrar.

Essas "besteiras" ajudam a gente a tirar a cabeça das coisas enquanto não estão indo em nosso favor...
Acho que por sabermos que não vai acontecer, são boas fantasias para tirar a pressão daquilo que podemos, mas não conseguimos controlar.

Mas são só sonhos.
Importante sabermos disso –
E não viver nisso.

INSEGURANÇA

Começar a gostar de alguém é um desafio.
Se você fala muito, pode parecer emocionado.
Se você fala pouco, pode parecer frio e distante.
Se você responde rápido, pode parecer desesperado.
Se você responde devagar, pode parecer desinteressado.
Enfim, um pesadelo para pessoas inseguras.

O problema é que no fundo, em graus variados, todos somos inseguros.

Na melhor das tentativas de aproximar alguém de você,
De paulatinamente ir derrubando as barreiras que a pessoa levantou,
Você pode acabar gerando o efeito contrário.

Eu sou rei de fazer isso.

Para mim, atos de serviço e palavras de afirmação são linguagens de amor fáceis.
Quando a pessoa dá deixas sobre coisas que eu posso fazer pra ela ficar bem, não consigo medir esforços para isso.
E o problema está aí.

Nem sempre é isso que a pessoa quer.
Às vezes ela só quer uma escuta afetiva.

Às vezes ela só quer atenção...
Muito provavelmente, se ela não retribui, ela não quer você.

PARTE 2:

CARTAS PARA MEU "EU" DO PRESENTE

20 DICAS RÁPIDAS PARA SUPERAR SUA EX!

Não que eu seja um especialista, mas acho que essas são coisas que eu gostaria de ter ouvido após o fim de um relacionamento:

1. Não achar que "ir pra outra" é sinônimo de superar;

2. Na mesma medida, nenhuma outra pessoa é responsável por te curar;

3. Evite entrar em contato com a pessoa, pelo menos nos primeiros dias após o término – principalmente se vocês estudam ou trabalham no mesmo lugar, ou se têm amigos em comum;

4. Tirar das redes sociais não é sinal de sentimentos mal resolvidos, é sinal de maturidade – de não querer ficar se expondo a algo que evoca sentimentos recentes;

5. Não use os primeiros dias pra "esculachar" a pessoa – valorize o que foi bom, e se liberte do que foi ruim, a vida continua;

6. Assim como não delete as fotos ou jogue fora os presentes – a sua história não pode ser reescrita assim e não vai mudar os sentimentos;

7. Permita-se sentir as emoções – desde o alívio (se não estava bem) até a tristeza e saudade, se deixe levar pelos altos e baixos;

8. Amigos são fundamentais e terapia também;

9. Escrever é libertador, escreva cartas pra você, pra pessoa, pra quem quiser – e nem precisa mandar;

10. Por mais que a vontade seja se recolher e sofrer, sair é sempre melhor;

11. Descubra novas atividades ou retome as antigas – todo mundo acaba fazendo concessões dentro de um relacionamento, então esse pode ser um momento para se reconectar consigo mesmo e experimentar coisas novas;

12. Não busque culpados ou respostas imediatas, às vezes o tempo é o melhor remédio;

13. Não se preocupe em agradar a todos ou tentar provar algo para a outra pessoa – seja você mesmo;

14. Não se compare com outras pessoas que passaram por situações similares – cada um tem o seu próprio processo de superação;

15. Seja gentil consigo mesmo – não se culpe pelo fim da relação;

16. Saiba que o fim de uma relação não define quem você é, é apenas um capítulo da sua história;

17. Cuide da sua aparência e bem-estar – isso pode te ajudar a se sentir melhor consigo mesmo;

18. Tente encontrar um propósito em meio à dor – pode ser uma oportunidade de aprendizado e crescimento pessoal;

19. Tenha em mente que a superação não é um processo linear, vão ter muitos altos e baixos, mas o importante é continuar seguindo em frente;

20. Não desista do amor. Novos amores vêm e vão, essa é a beleza da vida.

A TEORIA DO TAXI

Como parte de bons hábitos,
Estava, em dado ponto da escrita deste livro,
Revendo *Sex and the City* e algo me chamou atenção.

Carrie, nossa protagonista,
Em dado episódio,
Divide com as amigas que um relacionamento
Para dar certo precisa de duas coisas:
UM – o taxi passar na rua
DOIS – estar com a luz acesa de estar livre.

Na visão delas, para o homem se comprometer,
Ele precisa querer "estar com a luz acesa",
E aí a primeira passageira que entrar nessa "hora certa"
vai desfrutar do passeio.

É uma releitura metafórica da pessoa certa, hora certa.
Ou melhor, só hora certa.

O que me fez pensar em quanto precisa ser a pessoa certa.
O que é a pessoa certa?
Será que todo relacionamento é construído independente da pessoa?

Isso é bom ou ruim?

NÃO ADIANTA REESCREVER A HISTÓRIA

Se tem uma frase que Michel Temer usou bem foi
Verba volant, scripta manent.

Mas não são só as palavras que são esvoaçadas com a tempestade de areia do tempo,
As ações são cruelmente massacradas pela memória,
Principalmente aquelas divididas intimamente entre duas pessoas.

Às vezes me pego,
Sem razão alguma,
Olhando para o vazio tentando resgatar detalhes do seu corpo,
O som da sua voz contando uma coisinha no meu ouvido,
O gelo da sua mão em contraste com o calor da minha,
O seu corpo dentro do meu abraço.

O problema é que eu não posso lembrar daquilo que foi condenado ao esquecimento.
E por isso, bem à moda do Jurassic Park,
Tento preencher os filamentos do DNA da nossa história com os sentimentos idealizados no âmbar pré-histórico do nosso relacionamento.

Passei um tempo,
Bem mais do que eu gostaria de admitir,
Pensando se a gente não deveria ter tentado mais,
Tentado se reconectar mais,

Vivido mais.
E você, minha antítese desde o dia 1,
Logicamente,
Pensando em tudo menos.

Se eu não posso reescrever a nossa tragédia grega num romance,
Você não pode reescrever nossa crônica francesa numa tediosa e falaciosa nota de rodapé,
Paga com notas falsas por alguém de caráter duvidoso,
Interessado apenas na forma com que aquelas palavras serão interpretadas pelo desatento leitor.

Depois que soube que você tenta me apagar da sua vida,
Sai do seu caminho pra maldizer o que vivemos,
Embala os momentos na minha loucura (por você),
Eu vejo a resistência cedendo, e o resto da areia, que ainda estava grudada nestes dedos cansados,
Agora se esvoaça pra longe de mim.

A ti, mais do que meu amor,
Meu carinho,
Meu respeito,
Te dou a minha indiferença.

Os fatos nunca serão alterados.
Espero que você consiga viver com isso.

O QUE É A FRIENDZONE?

Muito se especula sobre essa região mítica.
Um vale onde bons homens vão para verem sua vida amorosa afundar.
Tal vale, infelizmente, tem vista privilegiada do enrosco dela com um babaca.

PORÉM, será que é verdade?
Eu nunca cheguei à conclusão sobre esse assunto, mas na minha mais recente reflexão cheguei a algumas conclusões.

Andando com minha prima numa fria noite Bostoniana
Ela dividia comigo sobre sua frustração com o golpe da amizade.

Para você da espécie masculina,
que não sabe do que se trata,
explico rapidamente:

O cara, pra não dar em cima de cara, se aproxima,
Sob a fachada da amizade,
Só para, depois que conhece a garota no seu lado mais vulnerável,
Usar daquele conhecimento adquirido para fazer seu *move*.

Se a tentativa é frustrada, ele lambe as feridas e se autointitula *friendzoned*.
E, o pior de tudo, continua como amigo para tentar novamente,

Torcendo secretamente que as coisas mudem,
Que ela descubra QUE. CARA. LEGAL. QUE. ELE. É.

Ouvindo minha prima falar isso, passaram várias coisas na minha cabeça.
A PRIMEIRA era se eu já tinha feito isso.
A SEGUNDA como é que eu lidei com isso.
A TERCEIRA – COMO FIZ MAL ALGUMAS VEZES.

Não é uma "passação" de pano, nem para mim, nem para outros,
Mas muitas vezes a gente não sabe romper vínculos.

Eu admito quanta dificuldade tenho de me afastar de casinhos que não vão pra frente.
Quando a pessoa quer amizade você fala o quê? Não?

Eu tenho trabalhado nisso, mas sem muito sucesso.

E o principal problema é que muitas vezes o sentimento não vai embora.
Ele não some com a negativa.
E a proximidade prende a gente na ilusão, na fantasia, no sonho, de dar certo.

A triste realidade é que a *friendzone* é uma armadilha,
Construída a quatro mãos,
Sob a falta de comunicação.

Uma pessoa que pode (ou não) gostar da atenção.
Uma pessoa que pode (ou não) gostar da conquista.

Eles se embalam no cotidiano,
Esquecendo da repercussão do não dito.
E aí, quando encurralados,
Projetam no outro seus mais íntimos pensamentos como verdades.

Eu não sou descrente de que tanto homens quanto mulheres,
Coniventes com o impulso no ego e na vaidade,
Mantêm-se perto de uma pessoa que não têm interesse afetivo pela atenção.
E, ainda pior, fomentam algo que não existe para não perderem o *backup*.

Mas minha prima está certa.
O golpe da amizade é mais preponderante.
E a gente tem que ter responsabilidade afetiva para aprender, corrigir e propor bases saudáveis para esses envolvimentos –
De qualquer natureza que sejam.

REGRAS ESSENCIAIS PARA UM SEXTING SEGURO

Eu acho um pouco inocente acreditar que,
Na era moderna,
Não surja a vontade de apimentar os relacionamentos quando as pessoas estão distantes.

E nem precisa ser grandes quilômetros.
Às vezes,
Cada um na sua casa.
Bate aquela vontade.

E a internet,
E suas bugigangas várias,
Tem feito muitos esforços para criar uma intimidade na virtualidade.

Ainda assim,
Sem tornar isso um guia barato de acessórios,
Focarei no fetiche mais comum:
Sexting ou **SMSexo** (como vi numa tradução de uma série e quis dividir com vocês).

Darei 5 dicas de ouro:

1. Não interessa o quanto você confie na pessoa, NUNCA mande sem ser por ferramentas que autodestruam a imagem. Não dá para impedir gravações ou prints, mas você dificulta e mostra a má-fé em caso de vazamento;

2. Igualmente, use dessas ferramentas para colocar o nome da pessoa que você enviou, de forma discreta, em algum dos cantos da imagem. Assim é fácil a pessoa responder legalmente pela violação da intimidade.

3. Se você ainda não conhece muito a pessoa, evite mostrar o rosto.

4. Evite armazenar essas fotos em celulares ou na nuvem – o ideal é que depois de enviar, deletem e esvaziem a lixeira.

5. Nunca (ou ao menos, evite) mande ou dê fotos impressas como presente, o que inclui Polaroids.

Agora, se divirtam – com RESPONSABILIDADE.

EU NÃO TENHO CULPA DE ESTAR TE AMANDO...

Eu sonhei com você.
Pra ser sincero, eu sonhei com seu sorriso e sua aura.
Juro.
Antes de te conhecer.

Eu não vou mentir que foi amor à primeira vista.
Até porque já te falei que na primeira vez você praticamente não falou nem 3 palavras.
Mas na segunda vez.
NA SEGUNDA VEZ.

Eu nunca vou esquecer.
Você estava com aquele conjuntinho bege/xadrez,
E claro, aquele sorriso DIRETO DOS MEUS SONHOS.

Meu coração acelerou tanto quando você se aproximou da nossa rodinha que até meu Apple Watch mandou um aviso.
Podia até ser meu cupido mandando esse aviso.

Fiz o que todo garoto moderno faz quando tem um crush:
Procurar você em todos os cantos da internet até achar uma rede social.
E olha que a gata não é fácil de se achar.

E parece que você sabia.
Eu te adicionei. Passaram 2h, nada.
Cancelei o pedido.

Dormi e ganhei coragem.
Te adicionei de novo e deixei.
PASSADOS DOIS DIAS, você me aceitou. Ufa!

A jornada a seguir foi a mais difícil.

Romper as barreiras no nosso caminho não foi fácil.
Primeiro porque eu sou NOTORIAMENTE péssimo no flerte.
Segundo porque seu olhar só é mais misterioso e envolvente que o da Capitu – que é, afinal, o olhar mais lendário da literatura brasileira.
Terceiro, você sabe...

VOCÊ ACREDITA NA PESSOA CERTA NA HORA ERRADA?

Eu sempre disse que não acreditava.
Eu sempre disse que quem quer faz a hora certa.
Eu sempre disse que quem acha a pessoa certa não abre mão.

O mais difícil é a pessoa certa.
Que se dane a hora.
Se tudo na vida demanda acomodação, que papo é esse de hora?

Mas você me faz questionar isso.
Você me faz questionar tudo que eu sei.
Me faz questionar até o que eu não sei.

Porque eu quero muito acreditar nas suas palavras.
Eu quero (meio) acreditar nas suas ações.
Eu quero (muito) acreditar que estamos falando apenas de meses que mudariam tudo.

Eu fico pensando num girassol.
Uma flor resplandecente.
Na sua fase de amadurecimento,
Para fincar as raízes,
Ela gira para ficar posicionada ao Sol.

E se, no espírito de Oswald de Andrade,
Fosse um dia de chuva?

Vais deixar de crescer?
Vais deixar de procurar o Sol?
E se já cresceste?
E agora é só hora de brilhar?

A gente não sabe muito sobre a vida,
Exceto aquilo que está bem na nossa frente.
Por que queremos sempre ter controle do que está no futuro?

Eu acho que não tenho como acreditar na pessoa certa na hora errada.
Se é a pessoa certa, é a hora certa.
Se a hora não é a certa, não é a SUA pessoa certa.

ABAIXO AOS APLICATIVOS DE RELACIONAMENTO

Minha relação com os aplicativos de relacionamento é, no mínimo, conflituosa.

E advindo das Relações Internacionais, apenas posso caracterizar como um conflito unilateral em que o único que está na luta está perdendo.

Se por vez a carência bate forte
E me sinto compelido a tentar furar minha bolha para buscar o mínimo de validação externa de estranhos
O resultado não pode ser outro que zero matches.

Se genuinamente coloco esforço em tentar fazer um esforço em construir um perfil para chamar atenção e tentar boas conversas
Igualmente revivo meu 7x1.

Aquele cardápio humano tira o pior de nós.
Fotos que são meros recortes hiperproduzidos e filtrados de substratos de momentos singulares.
Atributos reduzidos a poucas palavras como uma tentativa barata de encontrar em migalhas um "pão inteiro".
Biografias que retratam histórias vazias, de pessoas vazias e propostas vazias.

E veja bem, antes que receba um *hate* por essa opinião,
Faço deferência que entendo de algoritmos o suficiente para saber que o top 10% –
Ou quem compra os *boosts* que eles vendem –

Faz parte do seleto rol de personas que encontram gratificação nas suas mais diversas formas,
Das mais efêmeras às mais duradouras.

Essa pessoa só não sou eu.
E nem no meu dia de maior vaidade acharia ser.

Eu me pego numa ansiedade,
Me controlando para não deletar o aplicativo na esperança da notificação que não vem,
Frente à real vontade de ser um real caso de amor moderno,
Que duas deslizadas de dedo interconectaram duas almas.

Besteira.

O máximo que me torturei com isso foram 7 dias.
Ou melhor, quase 30 anos.

"Será que eu não sou interessante?"
"Será que não sou bonito?"
"Será que pareceu falso?"
"Será que pareceu pretensioso?"
"Será que não tem qualidades redimíveis sobre mim?"

Sussurros que ecoam nas paredes vazias,
Do quarto escuro,
Nos cantinhos mais barulhentos da minha mente.

A resposta?
Nunca saberei.

E quando o ego permitir, abaixo aos aplicativos de relacionamento.

A INFAME TEORIA DO PAPEL DE ALUMÍNIO

Sala de aula é um espaço para muita criatividade.
Numa dessas, na aula de Globalização, ao falar do sujeito pós-moderno, inventei a "teoria do papel alumínio".

Como docente, espera-se que aborde os autores clássicos que falavam sobre a indiferença de massa, insensibilidade, neonarcisismo e outros trocentos conceitos que, juntos, poderiam fazer algum sentido.
Não fazia – pra eles.

Em pílulas de uma hora e quarenta, lógico que muita coisa se perde.
A teoria do papel alumínio era simples.

Nosso coração é como se fosse uma bolinha de gude.
Sem experiências prévias,
Quando descobrimos o amor,
Entregamos a bolinha de gude como ela está.

Chances são de que, ainda numa infância, a gente descubra que a reciprocidade não é garantida e colocamos uma folha de papel alumínio ao redor para proteger a bolinha para uma próxima.

Conforme crescemos, tentamos novamente nos relacionar com pessoas da nossa convivência e,
De novo,
Chances altas de frustração.

Não dá pra acertar na primeira ou na segunda.
Mais uma folha de alumínio ao redor da bolinha.
Aí começamos a buscar pessoas mais maduras pra nos relacionarmos.
Possivelmente outro erro...

Maturidade não está ligada à idade e a gente descobre isso de um jeito difícil. Lá vai outra folha de alumínio.

E aí, a cada experiência que temos,
Inclusive aquelas causais que não damos muita bola,
Vamos aumentando as barreiras.

Em dado ponto,
A massa que envolve essa bolinha de gude é tão grande,
Mas tão grande,
Que nos tornamos quase que insensíveis ao amor
do outro.

Por incrível que pareça,
Na minha visão,
Quanto mais a gente se expõe a relacionamentos,
Mais difícil fica pra gente se relacionar.

Mais impeditivos a gente coloca pro outro chegar no nosso coração.

Nesse sentido,
Quando nós investimos seriamente em procurar um relacionamento duradouro, a gente passa a ser mais criterioso,

Passa a exigir mais pelo acesso,
Pela vulnerabilidade,
E essa seletividade tem um custo –
A solidão.

Se relacionar é fácil.
Relacionamentos são difíceis.

CRUSHTOK: AS PAIXÕES DE INTERNET

Como estudioso do TikTok,
Encontrei nisso uma boa desculpa para me prender no *feed* infinito.
Como morador deste país tropical,
Temos uma abundância de criadoras de conteúdo que capturam nosso coração.
A somatória disso é o que eu chamei de CrushTok!

Um tema recorrente aqui é a distinção entre atração física e conexão.
Então, obviamente, vou dizer que é nem um nem outro.
Aqui são aquelas sensações,
Você não sabe bem explicar por que,
Mas sabe que se daria muito bem com aquela pessoa.

Começaria como uma boa amizade,
Rindo de temas em comum,
Aquelas desventuras de experiências semelhantes,
Quem sabe até gravando um TikTok?

E aí papo vai...
Papo vem...

Mas a vida queria que ela fosse carioca,
E eu paulistano.

Então ficamos aqui esperando o próximo vídeo ser entregue pelo algoritmo.

COMANDANTE, CAPITÃO, TIO, BROTHER, CAMARADA

Quando você é visto de qualquer jeito, menos do jeito que você quer, só basta cantar (essa paródia sem compromisso com a qualidade musical):

[Intro]
Ôôôô friendzone, ôôôô friendzone

[Verso 1]
Eu te chamei pra sair, pra jantar
Mas você disse que prefere ir na pizzaria com a galera
Eu entendi a mensagem, eu tô na friendzone
Eu só queria te beijar, mas já vi que não rola química

[Refrão]
Eu tô na friendzone, eu tô só no abraço
Eu tô na friendzone, não vou nem tentar o laço
Eu tô na friendzone, só vou ficar de boa
Eu tô na friendzone, e essa é a minha história

[Verso 2]
Toda vez que eu te vejo, meu coração acelera
Mas quando tento te conquistar, você diz que somos só amigos
Eu entendi a mensagem, eu tô na friendzone
Não vou insistir, vou seguir a vida como parceiro
[Refrão]

Eu tô na friendzone, eu tô só no abraço
Eu tô na friendzone, não vou nem tentar o laço
Eu tô na friendzone, só vou ficar de boa
Eu tô na friendzone, e essa é a minha história

[Ponte]
Eu sei que você é legal e divertida
Mas acho que a gente não combina como casal
Vou deixar as coisas como estão, sem criar clima
E seguir em frente, sem olhar pra trás

[Refrão]
Eu tô na friendzone, eu tô só no abraço
Eu tô na friendzone, não vou nem tentar o laço
Eu tô na friendzone, só vou ficar de boa
Eu tô na friendzone, e essa é a minha história

[Final]
Ôôôô friendzone, ôôôô friendzone

SEMPRE O AMIGO, NUNCA O NAMORADO

Escrevo este como um dos últimos textos.
Já em revisão deste livro, surpreendido mais uma vez com a metafórica adaga de lâmina dupla – bem aquela que por onde passa causa estragos irreparáveis por qualquer equipe médica.

Será que as qualidades redimíveis de uma amizade
Não seriam suficientes para um namorado?

Será que sou feio?
Sou chato?
Sou o quê?

Se bem que, para esse tipo de estrago, não tem equipe médica que resolva.
Talvez o Dr. Tempo...
Mas, no estilo "copo vazio" que preenche (ou esvazia) a minha alma neste momento,
Confesso estar descrente que ele possa fazer algo sem me fazer renascer das cinzas
Quase em uma outra vida.

A realidade é que estamos acostumados com migalhas afetivas.
As correntezas velozes e fluídas das Modernidade Líquida devastam qualquer estrutura existente,
E no que toca aos relacionamentos,

Por mais que a maioria diga ansiar pelos vínculos duradouros,
No seu íntimo são tão inseguros com o compromisso, quanto enamorados pela multitude de possibilidades de "vínculos" passageiros.

E não sinto a necessidade de desenhar o que me levou até essa situação,
Mas em sua essência, vejo que é mais uma oportunidade para olhar o que deu errado.

Será que o espelho tem a resposta?
Meu inimigo mortal tem trazido grandes revelações,
Mas todas a duras custas.

Ela me querer por perto
Sem me querer perto o suficiente
É talvez o contrário ou contraintuitivo a tudo que escrevi até agora.

Será que vocês vão pensar menos sobre este livro se souberem da história?
Será que enterro ela junto com meus sentimentos, a fim de preservar minha integridade autoral?

Preciso pensar.

VOCÊ JAMAIS LERÁ MEUS PENSAMENTOS - OU MEU TWITTER

Como qualquer adolescente em 2010,
Descobri que o Twitter era um lugar pra "xingar muito".

Sim, admito,
Faço parte das pessoas que o transformaram num espaço pouco democrático para as reclamações mais banais do meu dia a dia.

Nesses meandros,
Entre um comentário do BBB
E uma crítica de filme,
Talvez até um meme ou outro,
Transformei essa centena de caracteres no meu diário moderno.

Ligando pouco para os seguidores,
A ideia é despejar os apertos do coração,
As frustrações dos sentimentos não recíprocos,
As excitações das mensagens respondidas,
Os detalhes quase sórdidos dos encontros,
E até as mais íntimas expectativas do futuro (com você).

E nisso já foram milhares de tweets,
Espalhados por dias,
Semanas,
Meses,
Anos.

Jamais conseguiria limpar todos que falei sobre você.
E jamais conseguiria conceber você ler os momentos da nossa incipiente amizade,
Tentativa de relacionamento,
E até (um dia) relacionamento,
Pela ótica deste narrador que vos fala.

Pra alguém que citou *verba volant, scripta manent*
Confesso que é bem estúpido da minha parte pôr tanto de mim em 1s e 0s,
Mas faz parte dessa angústia moderna.
Parecia melhor que um caderno embaixo do travesseiro.

Por isso,
Não espere que eu te adicione no meu Twitter.

STRIKE A POSE

1 segundo.
É tudo que eu preciso para eternizar nossos momentos.

É como se naquele microssegundo.
Apertados dentro daquele *frame*.
Naquela composição de *pixels* ficasse guardado quão especial foi aquele encontro.
Até porque nossos encontros são tão raros que deveriam ser capturados com uma lente teleobjetiva.

Depois,
Revendo cada clique,
Penso que não precisávamos usar flash.
Nada brilha mais do que seu sorriso.

Inclusive,
Você desafia toda experiência sensorial de uma foto.

Como a visão pode ser completamente inundada pela audição.
Olhar pra você é lembrar de uma música do Jorge Vercillo,
Ou do Djavan,
Ou da Bete Carvalho.
Ou todas em UMA.
Ao mesmo tempo.

Completamente em consonância com a efusão de sentimentos que você inspira nas pessoas ao seu redor.

O mais curioso de tudo,
Talvez nessa inversão de papéis,
É que você mesma nunca guarda nada no rolo do filme,
Espero que apenas no rolo da memória.

PARTE 3:
CARTAS PARA MEU "EU" DO FUTURO

SOBRE AMAR ALGUÉM QUE NÃO TE AMA

Talvez eu esteja sendo injusto de dizer que ela
não me ama.
Ela me ama – de um jeito que é diferente do amor que eu
tenho por ela.

A gente explorou pouco neste livro,
Mas é um fato inexorável da vida,
Que existem vários tipos de amor...
O amor platônico, o amor fraternal, o amor filial, o
amor-próprio,
E claro, o amor romântico.

O nosso é um *mix* de platônico e incondicional,
Com requintes de romântico,
Que foram podados sem razão alguma.
Ou melhor, sem razão com razão,
Apenas com uma razoabilidade.

Eu acho que a mim "perturba" mais do que a ela
O fato de que a nossa química vai ficar no ar,
Sem uma reles tentativa.

Eu não acredito nesse papo de que o envolvimento
estraga a amizade.
Tampouco acredito que ou o tesão está lá no dia zero ou
ele não vem.
A caixinha que você assume nesse momento não deve te
limitar a vida toda.

Às vezes,
Explorando todos os pontos fortes que temos,
Toda sintonia,
Todas as trocas muito gostosas,
É que se cria algo MUITO único,
MUITO nosso,
MUITO pra sempre.

Mas acho que nunca saberemos, né?
Essa é a merda de amar alguém que não te ama.

O SOFRIMENTO NÃO DURA PRA SEMPRE

Ao contrário dos filmes da Disney que evoquei no começo dessas reflexões, infelizmente esse fim não vem com um final feliz...
... por enquanto.

A conclusão que eu chego é que Baumann está certo, em partes.
Lógico que as coisas estão mais fluídas. Mais flexíveis.
Mas não necessariamente essas coisas são sinônimo de infelicidade.

Realmente as juras de amor até o fim dos tempos
Deram lugar às juras de amor enquanto ele durar –
Seja isso um dia, uma semana, um mês, um ano ou uma vida.
E está tudo bem.
Tem que estar tudo bem.

A gente não pode deixar de ser feliz esperando por uma felicidade maior.
A gente não pode sofrer hoje por um possível sofrimento de amanhã.

O nosso maior erro, como espécie, é tentar controlar o incontrolável.
A gente tenta mostrar dominância ao enfrentar o inexorável e esperar ganhar.

Tentamos domar o tempo, o clima, o ambiente, e o mais indomável de todos, nós mesmos.
E em todas essas instâncias – falhamos.

Ao ler autores que refletem sobre os relacionamentos do passado,
Não acredito que as pessoas eram mais felizes ou mais infelizes,
Acredito que as pessoas eram mais conformadas que estando em relacionamentos ou não,
Aquele era o lugar que deveriam ocupar.
E viviam todas as felicidades ou misérias em silêncio.

As interconexões aceleradas permitem que a fluidez rompa esse conformismo,
Mas não mudam a essência do processo de tentativa e erro,
Das felicidades e tristezas,
Do esperado e do seu oposto.

Nos momentos mais baixos,
Quando os likes não vêm,
Quando os dates não têm continuação,
Quando as mensagens não são respondidas,
Quando os olhares apaixonados se tornam frios e distantes,
O sofrimento parece não ter fim.

Mas ele tem.

Um dia o ciclo recomeça,
As cicatrizes e os aprendizados ficam,
E o tempo curou, e abriu espaço para novos amores.
O que eu estou procurando?

Não sei.

Será que qualquer um de nós sabe quem está procurando?
Será que temos a capacidade de dissociar nossos desejos momentâneos com essa procura mais expressiva?

Ao passo que a gente,
Num primeiro relance,
Só olha o exterior das pessoas,
Como ir pra além disso?

Eu acho que com certa propriedade, consigo ser superficial e falar sobre gostar de loiras ou morenas, altas ou baixas, *geeks* ou ratas de academia, cinéfilas ou culturalistas, mas será que consigo, com a mesma precisão, falar sobre a personalidade?

Eu tenho pistas.
Eu tenho interesses.
Eu tenho desejos.

Mas será que eles importam de verdade?

Lembro de uma cena de *Amor Sem Escalas* em que a personagem da Vera Farmiga fala sobre se apaixonar depois dos 40.

Ela, com muita clareza, fala que os atributos físicos "vão pela janela" e você foca na pessoa dividir os mesmos valores que os seus.

Essa não deveria ser a nossa filosofia a vida toda?
Ou será que a gente só forma nossos valores na vida adulta?

Beirando meus 30, lógico que eu tenho inclinações físicas,
Mas acho que estou – mentalmente – mais perto dos 40,
Porque eu já tenho encarado esse último período de solidão como esse exercício,
De buscar,
Incessantemente,
Por alguém que quer as mesmas coisas que eu.

E eu vou achá-la.

SERÁ QUE TEM ESPAÇO PRA OUTRA PESSOA NO MEU MUNDINHO?

Conversando com uma grande amiga,
A frase favorita dela pra mim é:
"Você precisa abrir seu mundinho!"

E ela está certa.

Eu tirei 2023 para viver.
Viver tudo que não tinha vivido.
Ser transgressor das minhas regras autoimpostas.
Quebrar as paredes para abrir janelas.
Abrir portas que não precisavam estar fechadas.
Descobrir o belo nas pequenas coisas da vida.
Descobrir as pequenas coisas da vida nas pessoas ao meu redor.

Eu acho que tem espaço no meu mundo pra outra pessoa.
Mas mais do que isso..

Eu aprendi que a primeira coisa é que eu tenho que estar disposto a me mudar para o NOSSO mundo.

Como numa expedição científica,
Numa terra virgem,
A ser colonizada,
Eu levo os meus melhores breguetes,
Ela leva suas melhores bugigangas,
E construímos a partir daí.

É difícil,
A palavra colonização não foi usada de forma leviana,
Nesse convívio,
Alguém vai se curvar a culturas, valores e costumes do outro,
É um processo de evangelização do que trouxemos da metrópole.

E confronto é esperado.

Mas como superamos o século XV,
A diplomacia e a comunicação imperam.
E ainda há esperança para esse novo povo.

ATÉ ONDE VÃO OS SACRIFÍCIOS PRA ABRIR ESPAÇO PARA ALGUÉM?

Muitas vezes a gente vê de forma muito dolorida abrir espaço para alguém nas nossas vidas.

O ser humano é um ser de hábitos,
De rotina,
De manias.
E quando alguém vem pra romper com isso é um incômodo.

Mas talvez o título induza você ao erro.
Na realidade o certo é não fazer sacrifícios,
Mas sim, fazer concessões.

Essa questão dos nossos padrões está ligada à nossa realidade.
Por exemplo, se somos solteiros,
Logicamente nossa rotina reflete isso.

Abrimos espaço nas gavetas de casa,
No armário,
No banheiro,
E nas nossas vidas para a outra pessoa.

Isso não é sacrifício –
É uma nova rotina.

Se entendemos que é um sacrifício,
Talvez não estejamos prontos pra dividir a vida com outra pessoa.

Se a outra pessoa também se impõe de maneira a ser doloroso,
Se parece um sacrifício,
Talvez também não seja a pessoa certa.

SERÁ QUE EU VOU ACHAR QUEM EU PROCURO?

Sim.
E você também.

Porque todos somos merecedores de amor.
Todos somos merecedores de felicidade.

E não tem mais nada a ser dito do que isso.

Basta abrir uma porta,
uma janela,
E nossos olhos.

E olhar de verdade.

Que o amor vai estar em algum lugar pra ser encontrado.

O QUE EU GOSTARIA DE FALAR PARA MIM DE 30 ANOS

Oi, Victor,
Tudo bem?

Falar com você é mais fácil. Você está num futuro alcançável. Não imagino que existam carros voadores ou empregadas robôs no próximo ano e meio.

Mas ao mesmo tempo, o que eu posso esperar de você nesse curto espaço de tempo?

Espero que, nessa loucura, você tenha encontrado a sabedoria de aproveitar o caminho e não o destino – o objetivo de 2023, incluindo este livro, é justamente valorizar as coisas essenciais à vida.

Não vou colocar a pressão em você para estar num relacionamento. Só coloco a pressão para você estar mais bem resolvido com as dores e os traumas que você tem.

Tem algo que você costuma falar tanto para os outros, e deveria se olhar no espelho e falar para si:

A cultura japonesa aprendeu, muito antes da gente, a apreciar as cicatrizes da vida. Eles desenvolveram a técnica chamada de *kintsugi*.

Essa é uma técnica secular, usada para reparar objetos de cerâmica quebrados, preenchendo as rachaduras com resina misturada com pó de ouro, prata ou outros metais preciosos. O resultado, na minha humilde opinião, é um objeto de cerâmica quebrado, ainda mais bonito do que antes, devido às linhas de metal que aparecem onde as rachaduras foram preenchidas. A ideia por trás da técnica é que o objeto quebrado e reparado é visto pela sua história e de sua jornada.

Eu te digo isso neste momento porque você tem que apreciar sua história – e acho que estamos começando a fazer isso com este livro – assim como você tem que achar alguém que também passe a mão pelas suas imperfeições e veja elas pela beleza do que representam.

Você não pode mudar seu passado, mas precisa achar alguém que está disposta a construir um futuro com você.

Espero que, como bom capricorniano, suas metas profissionais e financeiras estejam se realizando.

Eu sei que elas sempre foram mais fáceis pra você atingir, mas mesmo assim, não se cobre tanto se elas não forem chegando QUANDO você quer. Se dê por satisfeito delas chegarem.

Tente tirar mais satisfação do seu labor, saiba dividir melhor o tempo de trabalho e tempo de lazer. A vida acontece fora dos confins da empresa.
E, principalmente, se arrisque mais.

Você tem muitas coisas boas que não deixa as pessoas verem. Deixe as pessoas te enxergarem.

Stay weird, stay caring.

Com carinho,
Victor de 28 anos.

O FUTURO ESTÁ NAS CARTAS

Não nessas.
Nas do tarot.

Num mix de busca pelo meu lado espiritualizado,
E interesse pelas cartas tiradas no Twitter,
Decidi fazer uma mandala sobre o futuro.

Obviamente era tudo que eu queria ouvir.
E nada do que eu queria ouvir.
AO MESMO TEMPO.

Mas era o que eu precisava ouvir.

E eu poderia ter,
Por liberalidade editorial,
Colocado essa reflexão para meu "eu do presente",
Mas quebrando "a quarta parede" deste experimento literário,
Confesso que AINDA não estou pronto pra encarar isso.

Lendo as cartas maravilhosamente tiradas para mim,
Ela disse:
"[Aqui] está dizendo bem assim:
'Olha, vai cuidando dos outros aspectos da sua vida,
Vai se fortalecendo em vários níveis que for possível para você'
E tem um conselho aqui para você se priorizar,

Ser até um pouco egoísta, sabe,
Porque o que há do seu passado,
Que não trouxe nutrição,
Que foi só uma coisa passageira,
Deve ser descartado.
Não deve mais ser colocado como prioridade ou como possibilidade, sabe?
Que é para você abrir mão do passado para abrir espaço para alguém que você ainda não conhece que vai chegar para você.
Então é para mim, é pra você esvaziar seu coração,
Esvaziar sua mente
E deixar o campo aberto para quando chegar você estar pronto.
Leve sem estar carregando nenhum peso do passado".

Mas como fazer isso?
Como se livrar dos pesos do passado?

Este livro é um exercício nesse sentido.
Colocar pra fora tudo que estava dentro de mim.

Mas será que isso é suficiente?
Espero que o Victor do futuro esteja pronto pra esse desafio.

O QUE EU GOSTARIA DE FALAR PARA MIM DE 50 ANOS

Oi, Victor,
Tudo bem?

Caramba, chegamos longe hein? É, eu sei, hoje a expectativa de vida deve ser de 100 anos, mas, nos seus 20 e poucos anos você nem imagina o que é DOBRAR o seu tempo já vivido. Provavelmente é algo que você deve estar pensando agora sobre os 100.

Eu nem tenho sabedoria para falar coisas pra você. Não consigo nem imaginar o que você viveu.

Espero que nossas prioridades tenham mudado.
Espero que a gente tenha valorizado muito a nossa família nesse período – acho que você morre se você agir como o Adam Sandler em "Click" quando ele despreza o seu pai. Não seja burro de deixar a vida passar para apreciar quem deu tudo por você.
Espero que você tenha conseguido (quase) todo o dinheiro, promoções e afins que você buscou – eu sei quão duro você deve ter trabalhado para garantir um teto seu, um carro legal, boas viagens e bons momentos com seus amigos.

Mas ao mesmo tempo, se a gente sentiu que quer viver algo diferente – sei lá, trabalhar na Disney, como sempre falamos –, espero que esse seja o momento da vida que a gente se arrisque a começar de novo.

Midlife crisis não é sobre o fim, é sobre recomeços.

A única coisa que espero que não precise começar do zero é um amor. Imagino que lá pelos 30 você deve ter arrumado alguém pela vida toda, então o melhor que posso fazer é desejar feliz 20 (e poucos) anos juntos.

Que vocês se façam felizes como no primeiro dia que se conheceram.

Espero que você seja mais saudável. Você sempre foi muito cabeça dura sobre seus péssimos hábitos alimentares. Demorou quase 30 anos para você se ligar nisso e, ainda assim, muito tímidos os esforços, então <u>espero mesmo</u> que você consiga ter a qualidade de vida que desejamos.

Espero que você tenha um Corgi, bem gordinho, bem ativo, bem carinhoso e bem temperamental igual você correndo pela casa. Espero que tenha dois, na verdade, um mais velho e um que você adotou quando seu filho nasceu – como a gente sempre quis.

Eu espero tantas coisas, mas isso é coisa da juventude. O "essencial" continua "invisível aos olhos".

Stay weird, stay caring.

Com carinho,
Victor de 28 anos.

O QUE EU QUERO FALAR PRA VOCÊ DE AMANHÃ

Oi, meu querido leitor, minha querida leitora,

Eu não sei quais são as dores, as felicidades, os medos e as esperanças que você tem. Queria poder escutar cada um(a) e dar os melhores conselhos que eu tiver, mas não preciso.

Uma das minhas expectativas pra este livro era que ele servisse como miniconselhos. Inspirações do que fazer e do que não fazer.

Espero que tenha valido o investimento, mas, acima de tudo, espero que tenha se identificado com alguma coisa e que ela, dentro do possível, te ajude a AMAR e SE RELACIONAR nessa doideira que chamamos de vida moderna.

Talvez não tenha ficado claro no meio das metáforas, informalidades e uma certa verborragia, mas a ideia central é: cuide de si – RuPaul não fala *"If you can't love yourself, how in the hell can you love somebody else?"* à toa. Essa jornada de autodescobrimento te habilita a mergulhar na complexidade e imensidão do outro.

Não se culpe por não querer algo "sério" com todo mundo, mas seja justo(a) e verdadeiro(a) e transparente sempre.

E saiba o momento de virar a chavinha pro relacionamento mesmo. Ninguém foi feito para ser sozinho.

De resto, aproveite a vida. Saboreie as conquistas e as derrotas, aprenda todos os dias com elas e use como ferramentas na difícil escalada atrás da felicidade.

Siga em frente, sempre.

Com carinho...

O QUE EU QUERO FALAR PARA O AMOR DA MINHA VIDA

Oi, amor (não ia dividir nosso apelido particular com todo mundo, né?)
Tudo bem?

Provavelmente já devo ter escrito umas 100 dessas pra você. Já deve ter percebido esse meu hábito IN-SU-POR-TÁ-VEL de colocar bilhetinhos em todos os presentes, na sua agenda, na sua carteira – e pode falar – aquele dentro do seu passaporte foi surpreendente.

Mas vamos tentar fazer este mais especial. E não só porque eu escrevi antes de te conhecer.

Então aqui fica a minha promessa pra você:

Sempre ter um lápis e papel pra desenhar o Dino pra você quando estiver triste.
Sempre te fazer rir quando aquela sua amiga insuportável do trabalho atrapalhar seu dia.
Sempre estar quentinho pra quando você vier com as mãos geladas (mas não encosta os pés gelados nas minhas costas que você sabe que eu não gosto hahahaha).
Sempre te abraçar forte quando a gente se ver depois de um longo dia de trabalho.
Sempre levantar da cama pra encher sua garrafinha de água, principalmente depois de ter aconchegado toda.
Sempre cozinhar pra gente (porque você sabe que lavar a louça eu odeio).

Sempre fazer aquele chazinho que você adora quando está doente.

Sempre tomarmos café na sua padaria favorita aos domingos – porque você ACHA que o pão na chapa que eu faço não fica igual.

Sempre (tentar) ter paciência com você no shopping, porque eu sei o quanto você gosta de passar nas suas lojas favoritas.

Sempre manter seu vinho favorito geladinho e pronto na geladeira, porque é o melhor jeito de curtir uma sexta à noite.

Sempre morder seu braço quando a gente estiver deitado no sofá vendo um reality questionável no *streaming*, só porque não consigo acreditar na sorte que eu tenho de ter você do meu lado.

Sempre assistir às séries juntos – porque essa é uma traição imperdoável.

E mais do que isso, eu agradeço por você:

Não se importar que as nossas férias (quase) sempre são na Disney.
Amar meus Grinburgers.
Cuidar das plantas que eu invento de comprar, mas não tenho a menor condição de manter vivas.
Me acompanhar nas caminhadas e na academia – e me ajudar a ficar saudável mesmo quando eu tenho preguiça.
Entender o meu drama e ouvir sem restrição minhas reclamações sobre o trabalho.
Assistir comigo RELIGIOSAMENTE àquelas comédias românticas que eu até recito e você nem aguenta.

Mas acima de tudo, obrigado por decidir enfrentar essa loucura que chamamos de vida juntos.

Listar tudo acima é só a ponta do "iceberg" das nossas vidas, mas é o reflexo de que o amor vem de todos os jeitos e formas.
E por mais que a gente fale "Eu te amo" toda hora,
São essas ações que falam muito mais alto.

Eu sei que não são só flores.
Você encontrou uma pessoa imperfeita,
Machucada com o passado,
E você passou a mão em todas as feridas e fez elas doerem menos.

E eu espero que, do meu jeitinho, eu tenha feito o mesmo por você.
E se isso for verdade, vou continuar fazendo sempre.

E eu juro que um dia eu paro de te mandar Despertador na Rádio Disney – mas aí você corre o risco de eu mandar um telegrama cantado ou um carro de som!

Com amor...